Ihr werdet mich lieben

Serapis Bey

Herr des Karma
und Hüter der Aufstiegsflamme

Ihr werdet mich lieben

übermittelt von
Petronella Tiller

ch. falk-verlag

Originalausgabe

Umschlaggestaltung: Christa Falk mit Dirk Gräßle
Satz: P S Design, Lindenfels
Druck: Druckerei Sonnenschein, Hersbruck
Printed in Germany

ISBN 978-3-89568-214-8

Inhalt

Einleitende Begrüßung

Seid mir von Herzen gegrüßt, meine über alles geliebten Menschenkinder, ihr wundervollen, göttlichen Kinder des Lichtes, die ihr in der unendlichen Liebe Gottes und der Göttin auf ewig geborgen seid!

Die Göttin und Gott sind in der Quelle allen Seins vereint und bilden gemeinsam die Einheit, welche die ewige Quelle der Göttlichkeit ausmacht, aus der ihr alle geboren wurdet, ebenso wie wir geistigen Wesenheiten und alles, was jemals existiert hat und existieren wird. Alles ist auf ewig in dieser wundervollen und so liebevollen Kraft geborgen, die wir in meinem Buch zunächst durchaus noch als getrennte Wesenheiten, als männlich und weiblich, betrachten dürfen, die sich in einer ewigen Umarmung befinden und sich in dieser zu der liebevollen, ganzheitlichen Kraft vereinen.

Ich weiß, dass manche Menschen die göttliche Kraft gern etwas nüchterner betrachten möchten, doch, bitte, lasst im Moment auch den bildlichen Vergleich der beiden Wesenheiten noch zu. Ich erkläre euch gleich, warum mir dies so wichtig ist und letztendlich für euch und die Erde ebenfalls.

Ich danke euch sehr.

Könnte euch das Wissen um die ewig währende göttliche Kraft der Liebe, das ich mit meinen Worten wieder in euch geweckt habe, ein Trost sein, euch, denen die Zeit auf der Erde ach, so lang erscheint, und euch, denen der irdische Schmerz, wie auch immer ihr diesen erlebt, so sehr die Freude an eurem Leben verdrängt und euch eure irdische Existenz kaum aushalten lässt?

Erlaubt dem eigenen Wissen, das euch nun wieder bewusst wird, ruhig einmal, sich in euch auszubreiten, und spürt dann in das Energiefeld hinein, das euch nun zu umschließen beginnt – ohne euch in eurem eigenen Energiefeld zu begrenzen.

Es ist auch so, meine Lieben, dass ich Gott und die Göttin als weibliche Energie, welche gemeinsam die Einheit bilden, von der wir alle träumen, immer wieder gerne erwähne, weil viele Menschen so oft ihre göttliche Herkunft verleugnen oder sie gar vergessen haben oder, wenn auch häufig zögernd, den Gedanken und ein Gefühl zulassen, dass da doch noch etwas sein muss.

Das Letztere ist interessant, denn was diese Menschen zögern lässt, ist ein Gefühl für die Unstimmigkeit, die aus dem Glauben an nur den einen männlichen Gott entstanden ist. Sie wissen instinktiv, dass hier etwas Grundlegendes fehlt. Es ist die weibliche Schwingung, die fehlt und an der es auch dem Planeten Erde bisher immer noch mangelt.

Da viele von euch in anderen Leben insbesondere der Göttin gedient haben, vermissen einige jetzt natürlich diese wundervolle weiche Energie. (Damals war der männliche Pol weniger präsent als heute, also auch damals war das Gleichgewicht der Pole gestört.)

Ihr mögt jetzt vielleicht denken, dass ihr doch wisst, dass Gott und Göttin gemeinsam in einer Einheit vereint sind – doch warum sprechen dann so viele Menschen nur den männlichen göttlichen Teil an? Ich möchte hier auch darauf hinweisen, dass ihr Engel und Aufgestiegene Meister sehr gern als männliche Wesenheiten seht. Weibliche Engel und Meisterinnen sind in eurer Welt weitaus seltener zu finden als männliche. Ganz abgesehen davon, dass Engel und Meister androgyne Wesenheiten sind, schreibt ihr ihnen gern menschliche Rollen zu, um sich ihnen näher fühlen und auf Verständnis für eure eigenen menschlichen Rollen hoffen zu können, was ich als sehr liebevoll empfinde.

Doch es geht mir um die Schwingungen, die hier erzeugt werden. Und der Glaube an männliche Wesenheiten erzeugt ebenfalls männliche Schwingungen, und da die Gedanken an diese Wesenheiten auf der Erde gedacht werden, so breiten sich die Schwingungen dort aus. Könnt ihr dies erkennen?

Die Erde und mit ihr viele Menschen befinden sich im Aufstiegsprozess – ich erinnere an das Jahr 2012. Und da dieser Prozess zunächst ein Gleichgewicht der Pole erforderlich macht, das aus dem menschlichen Denken entstehen sollte, mache ich darauf aufmerksam, dass es Gott *und* Göttin sind, die *gemeinsam* die göttliche Einheit bilden. Und damit festige ich auch gleichzeitig das Bild der zwei Wesenheiten in eurem Bewusstsein, die ich hier zwar getrennt erwähnt habe, die jedoch eine Einheit sind.

Denkt ihr nun in Zukunft an die göttliche Kraft, eventuell sogar auch als eine einzige Wesenheit, so habe ich durch die Wiederbewusstmachung immerhin erreicht, dass euer Unterbewusstsein sofort das Gleichgewicht beider Polaritäten herstellt. Und der nächste Schritt in eurer Entwicklung ist dann der, dass die unterbewusste Handlung vollends in das Bewusstsein aufsteigt.

Ist diese Einheit auch als Einheit von euch angenommen, und das geht zunächst nur über das bewusste Zulassen der weiblichen Energien und in unserem Falle auch durch das bewusste Ansprechen der göttlichen weiblichen Energie, beginnt die Phase der menschlichen *Erkenntnis*, dass in euch selbst genau das Gleiche, nämlich die göttliche Vereinigung, geschieht.

Durch das universelle Gesetz der Analogie, das ich hier verkürzt wiedergebe; „Wie oben, so unten" oder „Wie unten, so oben", was auch bedeutet; „Wie im Kleinen, so auch im Großen", wird für diejenigen meine Aussage untermauert, die immer noch leise Zweifel in sich spüren, wenn sie sich selbst als göttliche Wesen akzeptieren sollen.

Bisher habt ihr, um den Ausgleich der Pole immer wieder zuwege bringen zu können, viel Hilfe aus den geistigen Welten erhalten, doch es ist nun an der Zeit, euer Denken und seine Auswirkungen zu erkennen, um so auch damit anzufangen, es in verstärktem Maße bewusst zu steuern. Dies ist der Grund dafür, dass nun auch ich wieder verstärkt hervortrete, um euch mit den Mitteln, die mir zur Verfügung stehen, ebenfalls Unterstützung zu bringen.

Die Phase der Erkenntnis geht weit über das Jahr 2012 hinaus. Mit Erkenntnis meine ich das Gefühl – ihr nennt es manchmal auch den AHA-Effekt –, welches sich plötzlich einstellt, wenn der Gedanke auch vom Herzen aufgenommen wird. Ihr spürt es tief in eurem Inneren. Es fühlt sich so an, als ob ihr euch plötzlich energetisch ausdehnt.

Bedenkt ihr einmal, dass eine Einheit aus sehr vielen Aspekten besteht, erkennt ihr vielleicht auch, dass ihr selbst einer dieser Aspekte seid. Vom Verstand her ist euch das sicherlich inzwischen wieder klar, doch das Gefühl, die innere Entwicklung muss damit auch in Einklang schwingen.

Ich bitte euch, diese Wahrheit in ihrer vollen Bedeutung in euch aufzunehmen, so wie es jeder Einzelne von euch zum jetzigen Zeitpunkt vermag. Allein durch eure Akzeptanz geschieht so ganz nebenbei, dass die weibliche Energie der Erde mehr unterstützt wird und sich auf dem Planeten ausbreiten kann, der, wie bereits erwähnt, bisher noch immer der männlichen Energie stärker ausgesetzt war.

Ich segne euch mit der göttlichen, kraftvollen Schwingung der Liebe, die im Licht und somit *in uns allen* zu Hause ist.

So empfangt jetzt, in diesem Moment, auch meine Liebe. Sie wird eure Herzen erreichen, sobald ihr euch einen Moment Zeit nehmt, um sie zu empfangen. Macht euch ruhig bewusst, dass meine Liebe zu euch die eurige, noch immer tief in euch verborgene, göttliche Liebe sucht, sich mit ihr verbindet und sie dadurch wachsen lässt, sowohl bei euch wie auch bei mir.

Und so sei es.

Wie so viele Wesen aus der geistigen Welt habe auch ich mich entschlossen, euch wieder einmal über den Weg der geschriebenen Worte zu begegnen und so unsere gemeinsame Verbindung zu stärken und zu festigen. Allein dieser Entschluss hat meine eigene Herzensschwingung um ein Vielfaches erhöht, und ihr werdet dies auch in eurem Herzen spüren, je weiter ihr mein Buch lest. Das bedeutet, dass auch ihr von dieser Liebe profitiert, sobald ihr euer eigenes Herz für meine Schwingung öffnet. Habt ihr eventuell Schwierigkeiten damit, so zeigt mir eure Bereitschaft, indem ihr vielleicht euren Wunsch oder einfach einen Gedanken des Bereitseins kundtut oder die Bereitschaft formuliert, und es wird geschehen.

Und so sei es.

Ein Buch zu schreiben, euch Botschaften zu übermitteln oder einfach „schriftlich" mit euch zu plaudern, euch Geschichten zu erzählen, manche auf wahren Begebenheiten beruhend und andere erfunden, macht mir viel Freude. Und ich möchte euch an dieser Freude teilhaben lassen.

Wer die Bücher von Vywamus, gechannelt von Petronella, gelesen hat, dem wird aufgefallen sein, dass ich mich für eine fast identische Wortwahl entschieden habe, wie sie auch Vywamus bei seinen Begrüßungen nutzt. Ich bin Vywamus sehr tief verbunden, und seine Begrüßungsworte an euch berühren immer wieder mein Herz und sprechen genau das aus, was auch ich euch vermitteln möchte. Ich bitte um euer Verständnis, dass ich ein wenig „ausgeliehen" habe. Danke, meine Lieben.

Ich bin Serapis Bey.

So kennen mich einige Menschen als einen Engel, der, so glauben sie, ausschließlich Strenge in seiner Schwingung trägt. Zudem bin ich auch noch ein Aufgestiegener Meister; einer von denen also, die beides sind, Engel und Aufgestiegener Meister in *einer* Wesenheit vereint. Allein diese Tatsache lässt schon viele Menschen zurückschrecken. Und dann bin ich unter anderem auch noch Lehrer. Wie geht es euch damit?

Und da ich gerade dabei bin, mich vorzustellen, möchte ich auch erwähnen, dass ich einer derjenigen bin, zu deren Aufgaben es zählt, die Schwelle zu eurer Lichtheimat zu hüten, die ihr überschreiten dürft, wenn ihr karmisch rein seid. Man nennt mich auch den **Herrn des Karmas**. Und schon allein das Wort ***Karma*** erschreckt viele Menschen. Und Herr des

Karmas zu sein, wenn auch von den Menschen so betitelt, damit sie in ihrer hierarchischen Vorstellung ein Bild gestalten können, veranlasst die meisten Menschen dazu, Respekt vor mir zu empfinden. Und da ich all das, was ich bereits erwähnt habe, in einer Wesenheit vereine, hat dies bei vielen Menschen den Anschein erweckt, dass ich in weiter Ferne auf euch warte, um euch dann irgendeines fernen Tages zur Verantwortung zu ziehen. Viele glauben, dass mir Verständnis für sie fehlt und ich ein gar gestrenges Wesen bin. Kurz gesagt, sie warten darauf, dass ich sie bestrafe.

Schade, denn so haben sich einige von euch mir und meiner tiefen Liebe zu euch verschlossen, weil sie Angst vor mir entwickelt haben. Jeder Einzelne, der sich durch Angst vor meiner Liebe verstecken möchte, ist mir einer zuviel, der sich mir entfremdet hat und somit entzieht. Ich werde euch in meinem Buch erklären und euch erkennen lassen, dass die Angst, die ihr auf mich projiziert habt, in Wahrheit eure Angst vor der eigenen göttlichen Tiefe und Kraft ist, die in jedem Wesen wohnt. Und da die meisten Menschen weder ihren Lebensplan noch ihre wahre göttliche Bestimmung bewusst erkennen, so bleibt ein Vakuum in ihrem Inneren, das ihnen Angst macht und dadurch die Kraft entwickeln kann, sich immer weiter auszudehnen. Mit anderen Worten: die Angst vor sich selbst wächst.

Die Menschen, die ich habe erreichen können und die mir ihre Liebe entgegenbringen und ebenso meine Liebe empfangen konnten, sind für mich und meine Aufgabe sehr wertvoll. Sie können sich meiner Liebe öffnen, weil sie mir angstfrei begegnen. Zwar sind es nur wenige im Vergleich zu den angstbehafteten Menschen, doch sie sind durch die starke Liebesschwingung stark und gefestigt in ihrem Wissen um mich und die anderen göttlichen Lichtwesenheiten. Ihr Urvertrauen ist meist im Gleichgewicht, in Harmonie. Und so stellen diese Menschen für die anderen ein erstrebenswertes Vorbild dar. Das ist ein sehr wertvoller Teil der mir entgegengebrachten Hilfe von jenen Menschen, und ich nehme sie dankbar an.

Und wie immer, wenn Menschen besonders gelobt werden, sind da auch die Menschen, die sich dadurch zurückgesetzt fühlen. Sie empfinden oft einen tiefen Schmerz, werden sie doch durch die vermeintliche Zurücksetzung bzw. Zurückweisung an ihre Kindheit erinnert – allerdings läuft dies meist auf einer unbewussten Ebene ab, die ich gedenke, in diesem Buch bewusst zu machen – und reagieren darum oft mit Ablehnung auf die vermeintlich besonders hervorgehobenen Menschen.

Meine Lieben, es ist die Struktur der Eifersucht, die bei euch, die sich hier wiedererkennen, in Schwingung geraten ist. Sie geht mit Zurückweisungsgefühlen einher. Und da ich euch alle, so hoffe ich, in diesem Buch durch die Aufklärung, die hier stattfindet, weitestgehend auch angstfrei werden lasse, kann die Eifersucht bezüglich dieses einen Themas schon einmal aufgelöst werden. Ja, meine Lieben, es ist euch erlaubt, eifersüchtig zu sein! Gesteht es euch ruhig zu. Denn auch Eifersucht muss erst ausgiebig gelebt werden, bevor sie in ihrer Ursache (in unserem Falle, wie oben erwähnt) erkannt und aufgelöst werden kann. Doch ob mit oder ohne Eifersucht in diesem speziellen Falle, ich liebe euch alle gleichermaßen, und ihr alle seid auf unterschiedlichste Art sehr wertvoll für mich, helft ihr doch alle mit, Menschsein zu gestalten. Und es ist doch der göttliche Wille gewesen, der erfahren wollte, was immer möglich ist! Und vielleicht könnt ihr euch jetzt mit diesem Gefühl versöhnen, es aus der Schattenwelt, in die ihr es bisher verbannt sehen wolltet, hervorholen und es genau anschauen. Lasst es zu euch sprechen, nehmt ruhig den Schmerz an und hört ruhig einmal hin, was die kindliche Wesenheit Eifersucht euch zu sagen hat.

Ihr alle seid auf dem Weg, mir Hilfen zu sein – jeder auf seine einzigartige Weise. Ich danke auch euch von ganzem Herzen.

Aus verschiedenen Gründen habe ich mich bisher mit Botschaften ein wenig zurückgehalten.

Engelwesen und Aufgestiegene Meister haben die Menschen mit Botschaften überflutet. Sie haben ihre Liebe auf die Erde gebracht und sie den Menschen in Erinnerung gerufen. Es ist auf der Erde eine Fülle an geistigen Botschaften und Kontakten entstanden, die einzigartig anzusehen ist. Wem sollte es da auffallen, dass es einzelne geistige Wesenheiten gibt, die sich nur hin und wieder zu Wort melden? Und ist es überhaupt wichtig, dass sich jedes Engelwesen oder jeder Aufgestiegene Meister bei euch meldet?

Einem jeden von euch ist sicherlich klar, dass es immer nur einige geistige Wesenheiten sein werden, die sich der Aufgabe verschrieben haben, mit den Menschen zu kommunizieren, in der Absicht ihnen Unterstützung auf ihrem spirituellen Weg zukommen zu lassen. Und dazu gehört, dass ihr an euch selbst in der einzigartigen Essenz, die ihr seid, jeder für sich, erinnert werdet, und dass wir geistigen Wesen, die wir uns bei euch melden, uns vorstellen. Außerdem werdet ihr wieder eurem eigenen Wissen geöffnet, zeitweilig jedoch auch mit neuem Wissen versorgt, eben so, wie es für den einzelnen Menschen, doch auch für mehrere Menschengruppen, gerade angebracht ist.

Vielleicht erscheint es euch ja vermessen von mir, scheinbar den Zeitpunkt zu bestimmen, die angesagten Informationen an euch zu übermitteln. Vielleicht glaubt ihr euch dadurch von mir oder sogar den geistigen Wesen, die euch betreuen, bevormundet. Doch von hier aus, den Sphären der geistigen Welten, haben wir Geistwesen den Vorteil, erkennen zu können, wann der einzelne Mensch bereit und offen ist, an seiner eigenen spirituellen Entwicklung weiterzuarbeiten. Und wir haben bereits bevor ihr euch in die jetzige Inkarnation begeben habt, eine diesbezügliche Vereinbarung mit euch getroffen, die besagt, dass aus den geistigen Welten Wesen bereitstehen sollten, die dann, sobald sie die Bereitschaft des einzelnen Menschen erkennen, sogleich mit einem Hilfsprogramm für diesen Menschen starten dürfen.

So sind wir Geistwesen, die sich zur Erfüllung dieser Aufgabe zusammengefunden haben, rechtzeitig in das menschliche Bewusstsein vorgedrungen und haben mit dieser Aufgabenerfüllung begonnen. Je nach Bewusstheitsgrad des einzelnen Menschen und den Themen, die er bereit ist zu bearbeiten, meldet sich das geistige Wesen, welches mit den zu bearbeitenden Themen bestens vertraut ist, bei diesem Menschen. Bedenkt dabei bitte, dass wir alle multidimensional sind und deshalb viele Menschen gleichzeitig betreuen können. Und ganz wichtig ist auch, zu wissen, dass diese Betreuung zusätzlich zu der Betreuung der Inneren Führung und der der Schutzengel des einzelnen Menschen geschieht, die ja während seiner gesamten Existenz für ihn da sind.

Die Erfüllung der angesprochenen Aufgaben geschieht auf unterschiedlichste Weise. Und eine davon ist die, Botschaften über den schriftlichen Weg zu verteilen. Dies hat außerdem noch den Vorteil, dass eine große Zahl von Menschen in etwa zur gleichen Zeit angesprochen werden kann. Erkennt bitte hier auch, wie wichtig die Kanäle sind, die euch die Botschaften weitergeben. Bitte achtet sie gebührend. Doch die Menschen, die helfen, dass möglichst viele von euch erreicht werden können, verdienen eure Achtung gleichermaßen. Bitte gewährt sie auch ihnen.

Ich danke euch allen aus meinem tiefsten Herzen auch dafür.

Und so sei es!

Ich bin glücklich, so viele Menschen bereits so weit erwacht zu sehen. Das Erwachen nur eines einzelnen Menschen entwickelt durch die vermehrte Liebesschwingung, die dadurch ausgesendet wird, eine „geheimnisvolle" Kraft, der sich andere Menschen, deren Zeitpunkt, ebenfalls zu erwachen, gekommen ist, hingeben möchten. Sich dieser Seite ihrer Existenz zu widmen, oft jedoch zunächst mental in ihrem geschützten Wohnbereich, ermöglicht der Seele des einzelnen Menschen, endlich die ersehnten Wege nach Hause zu beschreiten. Segen über euch alle, ihr lieben und mutigen Menschen!

Ich danke euch!

Und nun will ich euch einen weiteren Grund dafür nennen, warum ich mich bisher immer wieder für eine längere Zeit im Hintergrund gehalten habe. Die menschlichen Vorstellungen von Schuld und Sühne mussten zunächst von anderen geistigen Wesenheiten, zu denen ihr mehr Vertrauen hattet, mit großer Geduld und sehr liebevoll ein wenig aufgeweicht werden, denn eure Angst, eure Ehrfurcht vor mir war doch so erheblich, dass meine Worte kaum zu euch vorzudringen vermochten. Ihr habt eben große Angst vor Strafe. In euren Vorstellungen war ich es, auch wenn euch mein Name weniger geläufig war, der euch ständig auf eure vermeintlichen Fehler aufmerksam machen würde. Und wer Fehler macht, so glaubtet ihr, der muss bestraft werden, damit er endlich daraus lernt und wieder gottgefällig wird. Wer hört sich ein solches „Gerede" schon gerne an?

Wie ich bereits weiter oben sagte, bin ich einer von denen, die für das Karma zuständig sind. Ich habe für eine gewisse Zeit die „Oberaufsicht" übernommen. Der Zyklus dieser „Aufsichtsepoche" erstreckt sich noch zumindest über das gesamte Goldene Zeitalter. Danach wird auf der Erde so viel Veränderung geschehen sein, dass ich diese Aufgabe als erfüllt betrachten und somit beenden kann. Jegliches Karma wird aufgelöst sein, und zwar in eurem bewussten Sein in eurer irdischen Existenz als Mensch.

Das ist ein Teil der Zukunft! Ich weiß, wie gerne viele von euch lieber in die Zukunft blicken, als dass sie sich mit dem jetzigen Augenblick befassen. Darum erwähne ich noch einmal sehr ernsthaft: Bitte, befasst euch mit der Gegenwart. Wie kann in der Zukunft Bewusstheit immer mehr zunehmen, wenn die Gegenwart ohne eure bewusste Zuwendung bleibt? Richtig, ihr werdet kaum bewusst werden können, sondern zu Tagträumern werden, die ihre Aufgaben im täglichen Leben nur widerwillig erfüllen. Eure Sehnsucht nach einem „besseren Leben" ist so groß, dass ihr euer momentanes Leben zu wenig beachtet und bereits im Hier und Jetzt das bessere Leben gestaltet, zumindest für euch selbst. Habt ihr dies erreicht, so strahlt ihr Zufriedenheit und Liebe in eure

Umgebung aus, deren Schwingungen sich in Form einer Spiralbewegung drehen, weiter und weiter, und es werden immer mehr Menschen von diesen Schwingungen erreicht, in die sie dann eintauchen und ihrerseits den Weg gehen – natürlich auf ihre spezielle Art –, doch immer mit Liebe und Zufriedenheit. So gestaltet man die bessere Zukunft, von der ihr träumt.

Um euch auch dabei zu helfen, werde ich im Buch häufiger erklären, was ihr auch durch eure Sprache zu dem zukünftigen Weg beitragen könnt. Dies ist wichtiger, als ihr vielleicht glaubt. Um ganzheitliche Harmonie zu erreichen, ist es auch wichtig, sich selbst klar ausdrücken zu können – und die verneinende Sprache zum Beispiel verhindert diese Möglichkeit ebenso wie auch einige andere Sprachgewohnheiten, auf die ich euch zum Teil aufmerksam machen werde. Und da höre ich doch schon wieder den Kommentar, dass die Menschen doch an diese Sprache gewöhnt sind und nur so verstehen. Tun sie das wirklich? Ich sehe nur all die Missverständnisse, die aus eurem bisherigen Sprachgebrauch entstanden sind. Und weil das so ist, erinnere ich euch, *ein* Lehrer muss ja den Anfang machen und euch in die Klarheit führen. Und dies war zum einen Vywamus, und ich bin sozusagen der zweite Lehrer, der diese Aufgabe ebenfalls mit riesiger Freude übernommen hat.

Zu den Fertigkeiten, die ihr in der kommenden Zeit vervollständigen möchtet, zählt es, eure wundervolle Sprache mit Klarheit anzuwenden und euch somit klar auszudrücken. Diese Fertigkeit gehört zu den Disziplinen des Weißen Strahls.

Beobachtet ihr euch einmal selbst und überdenkt, was ihr am Tage alles gesagt habt, so werdet ihr feststellen, dass sich Vieles darunter befindet, was offensichtlich an Klarheit mangeln ließ. Wie häufig reagiert der andere Mensch, dem man etwas gesagt hat, mit völlig anderen Reaktionen, als man es selbst nach dem Gesagten erwartet hatte. Auf beiden Seiten beginnt dann oft die Beurteilung des anderen Menschen, denn sich selbst hinterfragt der Mensch in solchen Situationen nur selten. Und durch die Beurteilung, meine Lieben, seid ihr wieder in niedrigere Schwingungen geraten. Dies scheint mir fatal, und meiner Ansicht nach ist darum die erste Fertigkeit, die ihr erlangen solltet, die Klarheit der Sprache. Dies kann sehr viel Freude machen, sobald ihr die Beurteilung aus den diesbezüglichen Situationen herausnehmt und vor allen Dingen euch selbst mit mütterlicher Weichheit betrachtet und euch somit die Härte erspart, die ihr so oft gegen euch selbst anwendet.

Es ist für mich an der Zeit, von euch selbst so bestimmt und von eurer geistigen Führung voller Freude unterstützt, dass ich endlich mit euren Ängsten und Vorurteilen, welche die irdische Existenz betreffen, aufräumen darf. Ihr werdet erkennen, warum Karma-Auflösung auf der irdischen Ebene so wichtig für euch ist, und die Angst davor verlieren. Zugegeben, sie wird erst nach und nach von euch aufgelöst werden können, doch durch Aufklärung seid ihr erfahrungsgemäß offener, und viele bekommen dadurch mehr Mut, auch diese Aufgabe anzugehen. Und ganz besonders schön wird es für euch sein, euer Leben mit all seinen „Schwierigkeiten" besser verstehen und sie damit über kurz oder lang beenden zu können.

Eine weitere Aufgabe erfülle ich, indem ich der Hüter des Weißen Strahls bin. Damit sind diverse Aufgaben verbunden, die den Menschen wiederum Respekt einflößen. Und mit Respekt geht auch häufig Angst einher. So haben viele von euch einen weiteren Grund, mir ehrfurchtsvoll und mit viel Abstand begegnen zu können. Auch damit möchte ich in diesem Buch aufräumen. Und es ist ein weiterer Grund dafür, mich zurückgenommen zu haben, da ich erst abwarten wollte, wie sich die höheren Schwingungen auf eure geistige Offenheit auswirken würden. Nun ist dies abzusehen. Meine Zeit, verstärkt hervorzutreten, ist gekommen. Und da bin ich!

Obwohl es noch weitere Gründe gibt, die mich zurückgehalten haben, möchte ich es zunächst bei den aufgeführten Erklärungen belassen und später im Buch noch einiges dazu erklären. Ich möchte zuerst die Angst und die fehlgeleitete Ehrfurcht vor mir bei euch neutralisieren, oder anders gesagt, auflösen.

Seid gesegnet.
In Liebe
Serapis Bey

Gedanken zu einem Stückchen atlantischer Geschichte

Atlantis – glorreiches *Atlantis* – wie haben wir dich geliebt!!!

Unsere ungestillte Sehnsucht nach dir ist bis heute noch mit tiefen, wundersamen und teilweise sehr schmerzlichen Gefühlen verbunden.

Ich glaube, ein jeder, der dies liest und atlantische Vergangenheit entweder bewusst oder in seinem Unterbewusstsein gespeichert hat, fühlt sich auf die eine oder andere Weise durch diese Worte angesprochen. Ein nostalgischer Hauch ist zu spüren, den ich sehr liebe. Spürt ihr diesen so wundervollen, nostalgischen Hauch auch? Ja, ihr spürt ihn fast alle, und wie ich sehe, hinterlässt er bei einigen von euch sogar eine Spur Wehmut.

Und, meine Lieben, da auch ich von diesem Hauch berührt werde, dürft ihr daraus schließen, dass ich, was Atlantis betrifft, nostalgisch orientiert bin und zu den Romantikern zähle, denen oft nachgesagt wird, dass sie eine rosarote Brille tragen. Doch diese fehlt bei mir, meine Lieben. Ich verfüge über einen sehr klaren Blick für alle Geschehnisse. Mein Verstand arbeitet klar und mit großer Weitsicht bezüglich der evolutionären, kosmischen Entwicklung. So habt ihr mich bereits auf Atlantis kennengelernt, und ihr würdet mich wohl ebenfalls so beschreiben, wenn ihr eure Erinnerungen an meine menschlichen Inkarnationen wieder zulassen würdet, die das eine oder andere Mal mit den euren verbunden waren. Ich war immer in der Lage, mich an das kosmische Wissen anzuschließen, und wusste auch immer, wie ich es anzuwenden hatte und in meine menschlichen Rollen, die ich zu spielen hatte, einbauen konnte.

Ich gebe hier noch ein wenig mehr von mir preis, denn ich könnte sagen, die Romantik ist mir zur zweiten Haut geworden, wenn ich mich wieder einmal menschlicher Vorstellungen und Redewendungen bedienen darf. Sie sind mir noch sehr nahe und auch auf den geistigen Ebenen, auf denen ich mich jetzt bewege, haben sie noch immer Gültigkeit für mich, wenn auch die Bedeutung von hier aus gesehen leicht abgewandelt ist.

Ihr glaubt, dies passe kaum zu meinen Aufgaben und ganz besonders den Aufgaben des Weißen Strahls? O doch, meine Lieben, dies passt hervorragend dazu.

Von der Romantik komme ich jetzt allerdings erst wieder einmal zum Thema *Atlantis* und auf das zu sprechen, das ich einleitend im jetzigen Kapitel erwähnen möchte, nämlich darauf hinzuweisen, dass im jetzigen Kapitel bei vielen von euch heftige Trauergefühle hochkommen können. Wenn das so bei euch ist, lasst sie bitte zu, lasst die Trauer euren Prozess, den ich hier in Gang setze, unterstützen. Doch auch diejenigen, die kaum etwas spüren, durchlaufen ihren atlantischen Prozess durch das, was ich hier und jetzt in Gang setze. Lasst dies bitte zu, ohne eure Gefühle zu verdrängen – auch Wut ist ein sehr willkommenes Gefühl.

Wie auch immer ihr jetzt fühlt, lest dieses, ebenso wie alle Kapitel, die Atlantis betreffen, bitte zu Ende. Das ist ein weiterer eurer Beiträge zum atlantischen Thema, um den Prozess zu unterstützen.

Es ist wohl das im Moment wichtigste Thema für jeden von euch, das schon lange der Auflösung entgegenstrebt und jetzt endlich eine ganz besondere Gelegenheit dazu bekommt.

Doch bevor ihr weiterlest, bitte ich euch, eine euer Herz berührende Begleitmusik zur Unterstützung einzuschalten. Auch eine Kerze wäre sehr sinnvoll, die ich euch bitte zu entzünden – für euch und für all die Menschen, Tiere und Pflanzen, die damals beim Untergang sterben mussten. Ich möchte hiermit all jenen, die damals gelitten haben, Achtung und Mitgefühl bekunden, und durch eure Handlung im Jetzt unterstützt diesmal ihr meine Absicht. Dafür spreche ich euch allen meinen ganz besonderen Dank aus.

Danke und seid umarmt, meine Lieben!

Während einer Naturkatastrophe ganz besonderen Ausmaßes ist Atlantis untergegangen. Doch im Gegensatz zu anderen Geschichten über untergegangene

Kulturen, Erdteile und Inseln scheint viele Menschen die atlantische Geschichte bis heute dermaßen zu fesseln, dass immer neue Geschichten darüber verbreitet werden. Sie sind oftmals ebenso unterschiedlich wie die jeder anderen Kultur, die bisher einer Festlegung in euren Geschichtsbüchern entgangen ist.

Letztendlich scheint euch die atlantische Geschichte allerdings immer noch nebulös zu sein, was zu verstehen ist, denn jeder hat ja seine eigenen Erinnerungen aus seinem ureigensten Gesichtsfeld in sich gespeichert, und zwar ausschließlich diese. Und sie sind in der Regel nun einmal höchst unterschiedlich. Doch da ein Zusammenkommen der Erfahrungen aller Beteiligten bis heute noch fehlt, seid ihr auf die Hilfe von geistigen Lehrern angewiesen, damit sich ein Bild und ein gewisser Ablauf der Geschehnisse rekonstruieren lassen und euch somit die Gesamtgeschichte von Atlantis wieder bewusst werden kann.

Wäre die atlantische Geschichte in euren jetzigen Geschichtsunterlagen festgehalten, so wäre sicherlich Vieles, was damals gewesen ist, in eingeschränkter Form wiedergegeben (zumindest ist dies bei vielen anderen Kulturgeschichten so geschehen) und die Menschen würden ihre eigene wieder bewusst gewordene Erinnerung daran als unglaubwürdig aus ihrem erwachten Bewusstsein auszulöschen versuchen. Denn die geschriebene Geschichte hat bei den Menschen fast immer eine Wirkung, wie sie ein irdisches Gesetz hervorruft. Und so gibt es Menschen, die es befolgen, also ihre eigene Erinnerung auszulöschen suchen, und es gibt Menschen, die sich weigern, dieses Gesetz zu befolgen. Wie auch immer, ihr hättet in diesem Falle zwar etwas, woran ihr euch festhalten könntet, jedoch, wie gesagt, was wäre mit eurer eigenen Erinnerung?

Die Folge einer Festlegung in Geschichtsbüchern wäre, dass die Großartigkeit und die Vielschichtigkeit der atlantischen Kultur nur sehr eingeschränkt wiedergegeben werden würde. Denn schaut, es spielen in diesem und auch in anderen Fällen in erster Linie religiöse Gründe die Hauptrolle, was bedeutet, dass das, was ihr in den offiziellen Geschichtsbüchern lest, in großem Maße manipuliert ist.

In einer wunderschönen Bibliothek, die Kaiser Konstantin, dem großen Kaiser, der sich der christlichen Religion geöffnet hatte, gehörte, waren sehr viele Unterlagen über Atlantis zu finden, doch alle sind dem großen Brand von Alexandria zum Opfer gefallen. Wie schade, mögt ihr jetzt vielleicht denken – doch auch der Brand war von bestimmten Kräften so eingeplant gewesen. Die Gründe dafür, Atlantis betreffend, sind im nächsten Kapitel detaillierter beschrieben.

Ja, meine Lieben, und weil Atlantis euch so wichtig ist und weil ihr alles so gern bewiesen, in den irdischen Gesichtskreis gezogen haben möchtet, sucht ihr nach irdischen Beweisen. Etwas von Atlantis muss doch bewiesen werden können, damit das Belächeln und die Ignoranz dieses Themas von Menschen, denen die Erinnerung an Atlantis fehlt, endlich aufhört – so denken viele von euch.

Wissenschaftler, Forscher und Geologen haben bis jetzt vergeblich nach Rückständen dieser Kultur gesucht, sei es, dass sie Restbestände des Landes oder Kulturgut finden wollten. Es wurden Vermutungen angestellt und hin und wieder auch Behauptungen aufgestellt, teilweise mit missionarischem Eifer – doch waren sie durch Beweise untermauert? Wo sind sie, die Beweise, nach denen gesucht wurde? Kann denn wirklich alles, was Atlantis betraf, untergegangen sein?

Trotz all der Botschaften aus den geistigen Welten, die im letzten Jahrhundert und auch in den ersten Jahren des neuen Jahrtausends zu euch flossen, dass Atlantis ebenso auf der irdischen Ebene existiert hat wie die Länder, die ihr heute besuchen könnt, blieb die atlantische Geschichte bis heute noch für die meisten Menschen eine mystische Geschichte, ebenso wie zum Beispiel auch die Geschichte Avalons.

Diejenigen von euch, die glauben, mehr als andere über das atlantische Geschehen zu wissen und den anderen dieses Wissen gern vermitteln würden, sind jedoch tief in ihrem Inneren verunsichert, fehlen ihnen doch die dem menschlichen Auge sichtbaren „Beweise“ zur Untermauerung. Im Übrigen trifft dies auch auf einige andere Kulturen zu, die ihr jedoch vergessen habt. In euren Geschichtsbüchern fehlt jeglicher Hinweis, der die Existenz des sagenumwobenen Atlantis bestätigen könnte, obwohl in alten griechischen und ägyptischen Überlieferungen sehr wohl von ihm berichtet wird. Doch reicht euch das als Klärung, ob Mythos oder irdische Wirklichkeit dahinter steckt?

Es hat allenfalls dazu geführt, dass Atlantis zwar immer wieder von sich Reden machte, jedoch zu wenig, als dass seine irdische Existenz dadurch untermauert wurde.

Die Botschaften, die euch bezüglich seiner Existenz erreichten, womit durchaus auch die Botschaften von Menschen gemeint sind, sollten euch, denen ihre atlantische Vergangenheit, wenn auch oft nur in Fragmenten, bereits wieder bewusst ist, Hilfe und Unterstützung sein, sich selbst sicher sein zu können, sich selbst vertrauen zu können. Doch auch die meisten von euch, die dies betrifft, würden gerne „sichtbare" Beweise vorzeigen können.

Warum ist dies so wichtig für euch? Immer wieder wollt ihr sichtbare Beweise präsentieren und zeigt damit nach außen, jedoch auch eurer inneren Führung, dass ihr eurem eigenen Wissen und euren Empfindungen doch ein wenig misstraut. Und damit besiegelt ihr das Misstrauen, das ihr gegen euch selbst hegt. Dieses „sich ein wenig misstrauen" erzeugt Gedankenbilder in eurem Inneren, die wiederum Menschen auf den Plan rufen, die alles in Frage stellen können – und sie tun es.

So tauchen auch in diesem Falle wieder Skeptiker auf, die ja gerne alles in Frage stellen. Das, was mit dem Dritten Auge zu sehen ist, bietet denen, die glauben, dies sei nur Einbildung, eine schier gigantische

Auswahl an Projekten und Bildflächen, auf denen sie sich tummeln und präsentieren können. Und sehr schnell wird das Urteil von ihnen über die bereits erwachten Menschen gefällt, dass sie eben verrückt sind und einer psychiatrischen Betreuung übergeben werden sollten. Das wiederum macht zusätzlich Angst, denn viele von euch tragen noch die Erinnerung an das dritte Reich in sich. Von dem damaligen Regime wurden „Verrückte“ aussortiert, zu medizinischen Forschungszwecken missbraucht oder gleich eliminiert.

Es ist immer wieder die große Angst in den Menschen vorhanden, anders zu sein als die Masse. Auch sehr selbstsichere Menschen leiden noch unter dieser Angst, die verhindern will, dass sie zu schnell auf ihrem Weg vorankommen.

Und so haben die Skeptiker eine große Aufgabe zu erfüllen. Doch zumindest einmal in Bezug auf Atlantis schmerzt dies sehr viele Menschen, die jetzt wieder auf der Erde weilen und ihre eigene atlantische Vergangenheit spüren, beziehungsweise häufig sogar um diese Zeit wissen und die Rollen, die sie damals spielten, zum Teil kennen. Teilweise hatten einige dieser Menschen sogar den Mut, dies öffentlich zu machen. Doch auch sie und ihre Geschichten wurden und werden immer noch von den Skeptikern in Frage gestellt.

Ja, was wären wir ohne unsere so geliebten Skeptiker? Sie treiben bestimmte Menschen an, jetzt erst recht Beweise liefern zu wollen, und haben so sicher eine Aufgabe erfüllt, deren Bedeutung ihnen wohl kaum klar, beziehungsweise bewusst beabsichtigt ist. Sie sind in diesem Falle der Motor für die beweisbare Entdeckung von Atlantis. Wer hätte das gedacht? Na ja, einige von euch schon, das ist mir durchaus bekannt. Doch es geht hier um die Menschen, die sich selbst wieder vertrauen lernen dürfen, die ihre Angst und Unsicherheit in Sicherheit umwandeln möchten. Dies betrifft die meisten meiner Leser, auch spirituell schon sehr weit entwickelte Menschen.

Jeder darf sich diesbezüglich gerne überprüfen, doch vermeidet bitte, die spirituelle Reife des Anderen zu bewerten oder gar zu glauben, ihr könntet sie einschätzen. Diese Gabe fehlt fast allen Menschen, die sich jetzt auf der Erde befinden. Und diejenigen, die sie haben, werden sie eben aus spirituellen Wachstumsgründen, die sie selbst betreffen, außer Acht lassen.

Meine Lieben, warum ist es euch eigentlich so wichtig, Atlantis beweisen zu können? Viele andere Teile dieser wundervollen Welt, die ihr Erde nennt, sind doch ebenfalls untergegangen und ihr auch oftmals mit ihnen. Doch dies belastet euch Menschen kaum. Wie kommt es also, dass es ausgerechnet Atlantis ist, dem ihr so sehr nachtrauert? Allein, dass es eine Hochkultur war, kann es kaum sein, denn es gab auch andere Hochkulturen, die zerstört wurden. Was also ist es?

Der sagenumwobene Erdteil Atlantis mit seinen Menschen, unter denen viele Wissende lebten – ist er einem Wunder gleich gewesen?

Nun soll Atlantis wieder aus dem Atlantik auftauchen – für alle Menschen klar zu sehen – ebenso wie Lemuria. Auch dieser Epoche und den Wesen, die damals inkarniert hatten, werden wahre Wunder nachgesagt, ebenso wie den Mayas, die ja ein sehr weises Volk waren und von deren Weisheiten noch heute Gebrauch gemacht wird. Ich denke hier zum Beispiel an den Maya-Kalender, der wirklich beachtliche Weisheiten preisgibt. Doch habt ihr etwas davon gehört, dass die Mayas wieder zurückkommen? Einer Legende nach ist das gesamte Volk der Mayas zu einem Zeitpunkt X gemeinsam von der Erde in eine andere Dimension aufgestiegen. Wird auch dieses Volk zurückkehren?

Ich könnte weitere Beispiele anführen, die zeigen, dass es immer wieder Menschen gab, die auf die Wiederkehr einer Zeit oder eines Menschen (in göttlicher Mission) warteten. Mit diesem Warten kann man viel irdische Zeit verbringen. Es bleibt meist dabei, denn den Menschen fällt selten auf, dass zumindest die Menschen mit der göttlichen Mission bereits seit langem unter ihnen weilen. Habt ihr sie in eurem Umfeld erkannt? Was ist dies nur? Worauf wartet ihr denn nun wirklich?

Ich möchte das Glaubensphänomen – bezogen auf Atlantis – jetzt einmal kurz mit dem menschlichen, logischen Verstand betrachten, ein Skeptiker sein und euch einige Gedanken dazu übermitteln. Bitte seht mir dies nach und bedenkt bitte, dass ich als Serapis Bey euch und eure Anliegen sehr ernstnehme.

Atlantis ist untergegangen. Dies geschah durch eine Naturkatastrophe, die durch Mithilfe von Wissenden in Gang gesetzt wurde und den Menschen in ihrer jetzigen Vorstellung entsetzlich scheinen muss. Der Erdteil zerbrach in viele unterschiedlich große Stücke, die im Atlantik untergingen. Menschen und Tiere verendeten in großer Zahl, und die Gebäude zerbarsten fast vollständig. Atlantis ging unter, ohne Überlebende zurückzulassen, außer den Wenigen, die sich außer Landes befanden und die Geschichte von Atlantis verbreiten konnten. Heute noch suchen eure Geologen nach irdischen Überresten von Atlantis, um bestimmen zu können, wo sich dieses sagenumwobene Atlantis befunden haben könnte. Ihr findet die widersprüchlichsten Aussagen dazu. Fast jedes Land, das an den Atlantik grenzt, stellt Ansprüche daran, ein Überrest von Atlantis zu sein. Und teilweise ist es so. Doch auch Mittelmeerbewohner stellen dieselben Ansprüche, was zu verstehen ist, denn auch bis dorthin hat sich das große Beben des Meeres ausgewirkt und einige Inseln und auch Festland sind zerstört worden und untergegangen.

Wo liegt nun die Wahrheit?

Meine lieben Freunde, ihr werdet verunsichert, weil ein Atlantis, das plötzlich wieder aus dem Meer aufsteigen würde, gewissen Kräften, die wenig Interesse daran haben, mit der alten Hochkultur konfrontiert zu werden, ein Dorn im Auge ist. Doch auch hier taucht wieder die Frage auf – *warum*?

Durch Erdbewegungen im Meer wäre es sicher möglich, dass die einzelnen Teile wieder zusammengefügt werden könnten, doch lasst einmal die Vorstellung zu, dass sich dieser zusammengefügte Erdteil wieder aus den Wassermassen erhebt. Was würde mit all den Erdteilen, die sich in unmittelbarer Nähe befinden, geschehen, mit all den Inseln? Das Meer wäre in heftiger Bewegung, denn es müsste ja helfen, durch Bewegung den Erdteil nach oben zu drücken. Wie viel Zerstörung der angrenzenden Länder würde die Folge sein?

Ihr seht die anderen Naturkatastrophen, die sich gerade jetzt in eurer Zeit abspielen. Welches Leid verursachen sie für den Menschen? Doch auch der Erde würde viel Leid geschehen. Es würde zur Folge haben, dass wieder Teile der Erde untergehen müssten, ganz bestimmt jedoch wären es Inseln, die Atlantis Raum geben müssten. Die Wasser der Meere würden ansteigen. Stellt euch all dies ruhig einmal vor – die vielen, vielen Menschen und Tiere, die dabei den Tod finden würden. Wäre das Auftauchen von Atlantis auch mit Menschen- und Tierleben zu bezahlen? Und sehen wir uns die wundervollen Pflanzen und Bäume an, auch sie würden den Wellen zum Opfer fallen.

Diese Vorstellung ist es, die viele menschliche Zweifler geboren hat. Könnt ihr sie nun besser verstehen?

Ihre Denkweise bezieht sich fast ausschließlich auf das, was das menschliche Auge sehen kann. Sie sind auch heute noch entsetzt über die vielen Naturkatastrophen, die sich gerade in den letzten Jahren zugetragen haben, und versuchen oft verzweifelt, in den Aufzeichnungen, die euch zugänglich sind, nach identischen Situationen zu suchen, um dafür eine Erklärung zu finden. Manchmal gelingt es den menschlichen Wetterpropheten und einigen Wissenschaftlern sowie politischen Führern, einige von ihnen zumindest teilweise zu beruhigen. Doch ein Unsicherheitsgefühl bleibt fast immer in ihnen zurück. Ja, diese Menschen sind nur selten bereit, sich dem geistigen Wissen zu öffnen und unsere Bücher und all die Botschaften darüber zu lesen, um vielleicht unsere Erklärungen auf eine Resonanz in ihrem Inneren zu überprüfen.

So erfüllen einige von ihnen die Aufgabe, möglichst viel Forschung anzutreiben, damit sie beweisen können. Beweisen, alles erklären zu können, menschliche Argumente zu finden, die in den Augen aller Menschen Gültigkeit haben. Doch es wird immer etwas geben, das nur in eurem Inneren bewiesen werden kann. Vielleicht ist es für euch schön, auch das zu wissen und sich somit wieder dem eigenen Innenleben zuzuwenden.

Doch ich hole zu weit aus. Hier geht es um Atlantis und um euch, meine Lieben, die sich auch durch dieses Buch erhoffen, spirituell weiter wachsen zu können.

Atlantis wird wieder aus dem Meer auftauchen, so haben einige Kanäle die Botschaften an euch weitergegeben. So ein Wunder der Natur ist möglich, ohne allzu großen Schaden anzurichten. Die Lösung ist ganz einfach. Die Erde steigt in eine andere Dimension auf – was bedeutet, dass sie feinstofflicher wird, dass sie etwas ihrer im Moment noch immer vorhandenen Dichte verliert. Etwas, das feinstofflicher wird, hat mehr „Raum" zur Verfügung. Denn die Feinstofflichkeit an sich ist grenzenlos. Nur durch die unterschiedliche Dichte der Dimensionen scheint Begrenzung da zu sein für den, der in dieser Dichte lebt. Für euer Erleben auf der Erde in euren physischen Körpern sind Begrenzungen vonnöten. Doch bei zunehmender Bewusstheit öffnet ihr diese Grenzen und erkennt nach und nach, wie es sich anfühlt, grenzenlos zu sein.

Und so ist es auch möglich, dass Atlantis in dieser feinstofflichen Dimension aufsteigt. Ich weiß, das es euch immer noch Schwierigkeiten bereitet, euch vorzustellen oder gar hineinzufühlen, wie es ist, in höheren Schwingungsebenen, in höheren Dimensionen zu leben, und dies gar mit der Erde gemeinsam. Bisher lasst ihr all das, was dazu geschrieben wurde, als Theorie gelten, und es fällt euch einfach schwer, handfeste Vorstellungen dazu zu entwickeln. Und die große Frage in euch, was mit denen geschieht, die sich den höheren Schwingungen verweigern, bleibt nach wie vor in euch zurück.

Um euch nun zu erklären, wie sich alles im Einzelnen zutragen könnte, müsste ich mich hier mit all dem, was dazu geschrieben wurde, auseinandersetzen und vielleicht vielen Menschen ihre Vorstellung zu diesem Thema zerstören. Dies möchte ich vermeiden, denn dazu seid ihr mir zu wertvoll.

Eure Gedanken und Träume gerade zu diesem Thema sind von einer wundervollen Seelenqualität. Denn sie erzählen von Frieden und Freiheit und Gleichheit und Brüderlichkeit und Schwesterlichkeit. Wer bin ich, dass ich diesen wundervollen Gedanken Einhalt gebieten wollte! Würden alle Menschen so denken, wäre der Friede auf Erden erreicht.

So macht ihr nostalgischen Verehrer von Atlantis den Weg frei für den menschlichen Traum vom Paradies. Dafür danke ich euch sehr. Und doch bitte ich euch, zu vermeiden, euch selbst zu sehr in diesen Träumen zu verlieren. Lebt stattdessen doch lieber die Seelenqualität eurer Träume im Hier und Jetzt.

Jetzt möchte ich euch noch eine Frage stellen: Was erwartet ihr, was geschieht, sollte Atlantis wieder in euren irdischen Sichtbereich emporsteigen? Ist es, um beweisen zu können? Die Menschen von damals sind damals gestorben. Viele haben wieder inkarniert. Doch das hohe, geistige Wissen aus der damaligen Zeit ist tief in ihnen verschlossen. Erst dann, wenn sie die damaligen Traumata des Untergangs überwunden und wieder ihre Liebesschwingung zu den anderen Menschen um ein Vielfaches erhöht haben, wird es ihnen wieder zugänglich gemacht. Es ist wichtig, sich darüber Gedanken zu machen. Denn diese Gedanken könnten für euch den Nebel, der sich bezüglich des atlantischen Themas in euren Köpfen befindet, auflösen. Ihr würdet wieder Klarheit in euch finden. Und Klarheit ist etwas, das eure Seele in erster Linie anstrebt. Ich wünsche euch allen die Klarheit, die ihr in dieser Inkarnation auf der Seelenebene erreichen wollt.

So sei es!

In diesem Kapitel habe ich oftmals die Frage nach dem Warum gestellt. Da mir die Antworten darauf bekannt sind, hat dies für euch den Sinn, dass ihr zum einen euch selbst hinterfragt und zum anderen analysiert, was hinter den „Warum" stecken könnte, und ihnen so auf die Spur kommt. Gestattet euch dabei ruhig, eure Gedanken sehr ausschweifen zu lassen.

Sicher ist das für den Einen oder Anderen ein wenig schwierig, und darum möchte ich euch einige Fragen so beantworten, dass immer noch genug zur Eigenerforschung übrig bleibt.

Zunächst möchte ich euch erklären, was euch die Sehnsucht nach dieser Zeit sagen möchte. Ihr habt die hohen Schwingungen dieses Landes mit all seinen Bewohnern geliebt. Ihr fühltet euch dadurch dem göttlichen Zuhause sehr nahe.

Zu Beginn der atlantischen Epoche war es dort ausschließlich friedlich und Menschen, Tiere und die Naturgeister voller Liebe untereinander und miteinander. Die Atlanter, die bereits auf Lemuria der Priesterschaft angehörten und auch auf Atlantis zum Teil wieder Priester waren, sowohl weibliche als auch männliche, konnten hier ihre Forschungsarbeiten, die späterhin wirklich in alle euch bekannten Richtungen gingen und die sie zum Teil auf Lemuria begonnen hatten, in Ruhe und Frieden fortsetzen. In erster Linie ging es dabei zunächst um Forschung über die Heilung von Mensch und Tier, jedoch auch und in stärkerem Maße, als von euch bisher angenommen, um die Heilung des Planeten. Die Atlanter, die sich für ein einfaches Leben entschieden hatten und so langsam in den Aufstiegsprozess einsteigen wollten, verrichteten die Arbeiten, zu denen den priesterlichen Forschern die Zeit fehlte. Man könnte sagen, jeder war zunächst zufrieden.

Doch Atlantis war sichtbar. Menschen aus anderen Ländern besuchten dieses Land und sahen die hohe Kultur. Sie erkannten, dass sie weit zurücklagen, was ihr Wissen und ihre Fertigkeiten betraf. Ihnen fehlten die Reichtümer, die sie dort sahen. Und sie erlebten den ihnen unbekannten Frieden, der sie dort umgab. Sie waren geblendet von den hohen Schwingungen, die dort vorherrschten. Und durch all das, was sie sahen, wurde die Emotion Neid in vielen von ihnen geweckt, verbunden mit dem Wunsch, all das nach Hause tragen zu können, was sie dort gesehen und erlebt hatten. Das, was ich bereits im vorigen Kapitel ansprach, begann sich auch auf Atlantis auszubreiten. Der einstige, grob umrissene Plan, den Menschen, die den Aufstiegsprozess hier beginnen wollten, von den Wissenden unterstützt, diesen in einer störungsfreien

Zone auf der Erde zu ermöglichen, schlug fehl. Die Einzelheiten könnt ihr euch aus eurer eigenen Erinnerung holen, beziehungsweise in vielen Büchern nachlesen. Doch bitte achtet dabei darauf, ob das, was ihr dazu lest, auch mit euch und euren Empfindungen im Einklang ist.

Die Sehnsucht in euch kommt aus der intakten Zeit, der Zeit, in der ihr eurem eigenen ursprünglichen Plan folgen konntet. Das, was danach kam, bis hin zur Zerstörung von Atlantis hat in vielen der damals inkarnierten Menschen Traumata hinterlassen. Sie waren zu wenig auf das vorbereitet, was ihnen nun begegnete. Im Grunde waren sie Träumer. Wissende Träumer zwar, allerdings zu weltfremd. Es war ein Versuch, liebe Freunde, der gescheitert ist.

Auch ich war damals mehrfach inkarniert, in unterschiedlichen Rollen, jedoch immer der wissenden Klasse angehörig. Ich habe mich an diesem Projekt mit all den Versuchen beteiligt. Ja, es war schön, es war sogar traumhaft schön, als das Projekt dort beginnen durfte! Es war ein Projekt, das sehr hohen Schwingungen ausgesetzt war auf einer Ebene, die sehr niedrig schwang. Und das war der eigentliche Plan: zu sehen, inwieweit beides kompatibel sein würde und den Menschen beim Aufstieg helfen konnte. Wir wollten erfahren, wie sich dieser Gedanke verselbständigte und was daraus würde. Für ein Misslingen war der Untergang geplant worden. Doch hielten fast alle Beteiligten dies für übertrieben, denn sie glaubten fest daran, dass der Plan aufgehen würde.

Dann kam die Zeit, in der Atlantis dem Untergang entgegenstrebte. Und hier begann das Unverständnis darüber, dass dieser wundervolle Erdteil mit Hilfe von einigen Wissenden untergehen sollte, bei vielen Atlantern auf fruchtbaren Boden zu fallen. Sowohl die Menschen, die sich daran beteiligen mussten, als auch die Menschen, die glaubten, alles wieder unter Kontrolle bekommen zu können und sich somit dem einstigen Plan widersetzen wollten, haben nachhaltige Programmierungen in ihren feinstofflichen Körperzellen, die euch alle bis heute in eurem Aufstiegsprozess sehr behindert haben. Ob einige von euch dies bereits erkannt haben, spielt dabei nur eine kleine Rolle. Auch bei ihnen sind nach wie vor heftige Programmierungen, dem Göttlichen das Vertrauen zu entziehen, gespeichert, das zu noch heftigeren Widerständen geführt hat, die noch bis heute aktiv sind. Denn als im internen Kreis der Wissenden bekannt wurde, dass es zum Untergang dieser Epoche kommen und es auf jeden Fall geschehen würde, begannen sich unterschiedliche Gruppen von Priestern zu bilden, die verhindern wollten, dass es zum Untergang kommen würde. Eine Maßnahme war, dass sie begannen, ihr Nackenchakra dahingehend zu manipulieren, sich dem göttlichen Willen widersetzen zu können, wenn es nötig sein sollte. Und ihrer Meinung nach war dies sehr bald sehr nötig. Und diese Manipulation sitzt euch heute noch im Nacken und lässt euch starrköpfig sein. Doch trotzdem sind bekanntlich alle Maßnahmen zum Erhalt dieser wundervollen Kultur im Sande verlaufen.

Die Priester, die diese Entwicklung mit ansehen mussten, ohne die Zeichen der Zeit zu beachten, waren fassungslos. Sie waren ihrem Glauben nach doch ebenso mächtig wie die „Bösewichter" und kannten ebenfalls alle Naturgesetze, die sie auch angewandt hatten. Doch offensichtlich waren die Priester und Priesterinnen, die den Untergang gemeinsam mit den Naturgewalten vollbringen sollten, trotzdem stärker in ihrer Macht und Kraft. Hier begann Gottvertrauen zu schmelzen. Man ließ zum ersten Mal den Gedanken an dunkle Mächte in der Form zu, als diese sich unheilbringend unter die Wissenden gemischt und sich ihrer bemächtigt hätten. Und die Erinnerung an lemurische Erfahrungen stieg ins Bewusstsein auf und damit auch die Angst, die ja bekanntlich dazu verhilft, schnell den klaren Überblick zu verlieren. Es hatte vor der Periode des Untergangs bereits Kriege mit menschlichen Wesen wie auch mit Außerirdischen gegeben, die zur Folge hatten, dass die Schwingungen dort niedriger werden mussten. Denn Kampf in jeder Form gehört in die niedriger schwingenden Bereiche. Und denkt an die Besucher anderer Länder, die ebenfalls halfen, die hohen Schwingungen in niedrigere zu ziehen. Diese Tatsache, verbunden mit dem Vergessen einiger Priester, dass es einen ursprünglichen Plan für die Atlanter gab, der ja längst fehlgeschlagen war, ließ die Priestergruppen, die Atlantis erhalten wollten, viele Gedanken fassen, viele

Gespräche führen und viele Taten ausführen, die den Untergang verhindern sollten. In ihrem Schmerz begannen sie zu manipulieren und zu be- und verurteilen und ermöglichten dadurch erst recht, dass der Untergang stattfinden konnte, und dies vor der eigentlich geplanten Zeit.

Euch ist inzwischen ja weitestgehend bekannt, dass die Gedanken – ob für oder gegen eine Entwicklung – diese erst ermöglicht. Und so waren auch diese Priester, die ursprünglich edle Absichten verfolgten (doch mit welchen Mitteln), ebenfalls am vorzeitigen Untergang von Atlantis beteiligt. Und all das steckt euch noch heute in den Knochen. Oft spürt ihr unerklärliche Ängste, die häufig damit zu tun haben.

Der Überraschungseffekt war es, der die Menschen in Panik erstarren ließ. Und was glaubt ihr, wie viele von euch im Hinübergehen feinstoffliche Teile von sich abgetrennt und sie dann vergessen haben?! Diese Energien geistern im wahrsten Sinne des Wortes bis heute im Meer herum, ohne zu wissen, was sie dort eigentlich tun. Ihnen fehlt jegliche Erinnerung, die jedoch in euch jetzt inkarnierten Atlantern vorhanden ist, wenn auch im Unterbewussten.

Diese fehlende Energie ist es, die es euch bis heute verweigerte, die eigene Ganzheit spüren zu können. Kurz gesagt, ein Teil von euch ist im untergegangenen Atlantis gefangen, und dieser Teil fehlt euch. Ihr möchtet dieses Kapitel eures Lebens abschließen, um die Aufgaben, die ihr euch gestellt habt, wieder klar erfüllen zu können. Was immer ihr nach dem Untergang in anderen Inkarnationen getan habt, es war nur mit halbem Herzen zu vollbringen. Vermeidet bitte, euch deshalb weiterhin zu tadeln. Könnt ihr euch jetzt ein wenig besser verstehen?

Die ersten Programmierungen begannen bereits vor dem Untergang, und weitere folgten beim Untergang, sogar noch während sich die Panik in euch festigte. Ich werde euch hier einige benennen, damit ihr die Gründe für eure diesbezüglichen Widerstände erkennen könnt. Doch es gibt noch weitere Programmierungen, die ich jeden Einzelnen von euch bitte, in sich selbst zu finden. Dazu gebe ich im Anschluss an dieses Kapitel eine kleine Meditation durch, die euch dabei helfen kann und die es ebenfalls ermöglicht, dass ihr mit der euch fehlenden Energie (Bewusstwerdungsprozess für diesen Teil von euch) Kontakt aufnehmen könnt, um sie zu erlösen.

Programmierungen:

Oh, Gott, warum lässt du das zu? Ich habe dir so vertraut. Wo bist du? Wie kann ich dir weiter dienen, wenn du uns dies antust?

Du hast uns in Sicherheit gewiegt und nun lässt du uns im Stich. Du hast uns belogen. Ich verweigere dir in Zukunft jede Hilfe auf der Erde. Ich höre auf, dir zuzuhören. Ich werde mein Leben immer selbst beenden und so über mich selbst bestimmen. Ich will nie mehr Kinder in diese so schlechte Welt setzen. Die göttliche Liebe für alle ist eine Lüge, sie gilt nur für diejenigen, die sich in seiner Nähe befinden und die es auch kaum schert, was mit uns hier geschieht.

Welchen Sinn macht all das, was wir an Harmonie gestalten, die du uns jedes Mal wieder zerstörst? Das Leben lohnt nicht. Gibt es Gott überhaupt? Wo ist er? Als Mensch bist du so klein und machtlos. Es ist alles schrecklich. Nie wieder Priester oder Priesterin. Die Menschen sind einfach schrecklich. Und Menschen, die Gold und Macht besitzen, sind noch viel schrecklicher. Nie wieder will ich Gold und Macht haben.

Was ihr mit euren Programmierungen in Bewegung gesetzt habt, ist kaum zu beschreiben. Seht euch die vielen depressiv erkrankten Menschen an, seht die Kälte, die euren Planeten heimgesucht hat. Seht all das Leid um euch herum. Das ist in so einem Ausmaß erst nach dem Untergang von Atlantis möglich geworden. Doch bitte seht auch den eigenen Schmerz und vermeidet, euch als Schuldige zu sehen. Erinnert euch an den einstigen Plan: Ihr wolltet sehen, wie sich ein Gedanke einer Gruppe kollektiv verselbständigen kann, wie weit es gehen kann. Das, was danach geschehen ist, war ebenfalls im einstigen Plan enthalten, und somit könnte man sagen, dass der Plan doch funktioniert hat, wenn auch in einer anderen Weise als zuerst gedacht.

Und da es nun bald ein Ende haben soll mit all dem für euch so „Schrecklichen“, dem niedrig schwingenden Leben auf der Erde, durften wir Geistwesen eingreifen.

Einige von euch haben auch Flüche ausgestoßen. Und Flüche binden denjenigen, der sie ausspricht, an den, dem sie gelten, ganz stark und vor allen Dingen so lange, bis sie wieder aufgelöst werden, und zwar von dem, der sie einst ausgesprochen hat.

Reicht euch dies fürs Erste?

Ich denke, jedem wird das eine oder andere bekannt vorkommen. Und vielleicht erkennen ja auch einige von euch, warum sie gerne ihr Leben beenden möchten, und vielleicht hilft ihnen das Wissen, warum sie wahrscheinlich diesen Gedanken an Selbstmord in sich tragen, dabei, ihr Leben doch weiterleben zu wollen. Ich würde dies begrüßen, denn es ist schade um jeden Lichtarbeiter, der die Erde vorzeitig verlässt.

So seid gesegnet und innig umarmt –
euer atlantischer Bruder
Serapis Bey

Meditation

Wenn du zu dieser Meditation bereit bist, bitte ich dich, wieder eine Kerze anzuzünden und eine Entspannungsmusik zur Unterstützung aufzulegen. Dann leg dich bitte hin und mache es dir bequem. Lockere bitte deine Kleidung und nimm einige tiefe Atemzüge, die ich mit meiner Kraft durchsetze, um dich in einen sehr entspannten Zustand zu bringen. Bitte vertraue mir und lass mich dein Kontrollsystem für die Dauer der Meditation ausschalten. Du kannst sie auch machen, wenn du die Kontrolle behalten willst, läufst so allerdings Gefahr, nur eingeschränkt in deine erstarrten Gefühle zu blicken. Wie auch immer, es ist selbstverständlich deine eigene Entscheidung, ob du dich mir anvertraust – ich kann auch sanft mit dir umgehen.

Atme nun bitte tief ein und wieder aus und wiederhole diese Atmung in dem Bewusstsein, dass ich dich unterstütze, so oft, bis du das Gefühl hast, jetzt vollkommen entspannt zu sein.

Atme bitte weiter und stell dir vor, du gehst einen Waldweg entlang, an dessen Ende ein türkisschimmerndes Meer liegt. Der Weg wird von leuchtend grünen, hochgewachsenen Bäumen unterschiedlichster Art gesäumt. Alles scheint in einen türkisfarbenen Schimmer getaucht zu sein. Du kannst nun schon das Meer riechen und hören, wie die Wellen im vertrauten Rhythmus rauschen, und du bist glücklich, dies erleben zu dürfen. Du befindest dich in atlantischer Stimmung. Genieße sie ruhig einen Moment, denn sie vermittelt dir zusätzlichen Frieden.

Während du langsam weitergehst, eröffnet sich dir ein wundervolles Panorama, das in etwa der heutigen Südsee entspricht. Die Bäume hast du nun hinter dir gelassen und den Strand erreicht. Dort suchst du nach einem Platz, an dem du dich niedersetzen kannst.

Wenn du ihn gefunden hast, setz dich bitte in den Sand oder auf einen von dir ausgesuchten Stein oder kleinen Felsen. Lass den scheinbaren Frieden der Natur in dir Platz nehmen. Genieße auch diesen friedvollen Moment.

Plötzlich entsteht um dich herum ein starker Wind, der dir zunächst bekannt vorkommt und dich zärtlich einhüllt. Du blickst dich um und schaust auch zu den Felsen hoch, auf denen sich jeweils ein Priesterpaar zeigt. Die Priesterinnen stehen am Abgrund des Felsens und die Priester direkt dahinter. Sie vollführen im Gleichklang bestimmte Rituale, die dir auch bekannt vorkommen.

Der Wind um dich herum wird stärker und beginnt in einen starken Wirbel überzugehen. Bevor du jetzt in Angst und Schrecken gerätst, überlasse dich der Führung dieses Wirbels, der meine Energie trägt. Du bist in Sicherheit.

Genieße eine kleine Weile die Sanftheit und Liebe, die der Wirbel dir vermittelt. Der Wirbel ist in der Lage, zu verhindern, dass du einschläfst. Bitte erlaube ihm, dich zu umkreisen.

Er hebt dich hoch und trägt dich scheinbar an einen anderen Ort. Doch in Wirklichkeit trägt er dich lediglich hoch, damit du von oben sehen kannst, was damals mit dir geschah, damals, als Atlantis unterging. Du wirst, ohne Schaden zu nehmen, wieder aus der Meditation in deinen normalen Alltag deiner jetzigen Inkarnation zurückkehren. Dafür stehe ich mit meinem Wort.

So sei es!

Beobachte genau, was dort geschieht. Sieh dich selbst und siehe, was mit dir geschieht.

Sieh dir hinterher, wie du in den Atlantik fällst.

Und jetzt sieh, an welcher Stelle des untergegangenen Atlantis du dich befindest. Du, der damalige Atlanter oder die damalige Atlanterin. Sieh dich selbst und fühle, in welcher Stimmung du dort verweilst oder dich sogar hin- und herbewegst. Wenn es dir eben möglich ist, dies zuzulassen, tue es bitte. Ich helfe dir dabei, damit es für dich leichter ist, es zuzulassen.

Und nun sprich dich selbst an, warte deine Reaktion ab, die du als verstorbene Wesenheit zeigst. Ich führe dich auch hier und gebe dir die Worte ein, die dich als dein eigener verstorbener Anteil reagieren lassen. Vertraue mir bitte.

Nimm all die Gefühle auf, damit wir sie gemeinsam transformieren können. Und dies geschieht nun. Vertraue mir bitte auch hier.

Wenn du spürst, dass sich Frieden in dir ausbreitet, kannst du davon ausgehen, dass der Frieden auch den anderen energetischen Teil von dir erreicht, und er ist nun auch bereit, zu gehen, ins Licht zu gehen.

Dort wird er von allen panikartigen Strukturen gereinigt und kann nun mit starker, liebevoller energetischer Kraft deinen physischen Körper unterstützen, wenn du ihm dies gestattest.

Nach einigen Tagen wirst du dich stärker fühlen und liebevoller mit deiner Umwelt umgehen können.

Denn dieser Teil von dir ist reines Licht geworden und mit der göttlichen Liebe ausgefüllt.

Ich danke dir, dass ich dich hierbei begleiten durfte, und segne euch beide, die ihr nun bereit seid, euch in inniger Umarmung zu vereinen.

In tiefer Liebe und immerwährendem Verständnis
Serapis Bey

Entstehung der atlantischen türkisfarbenen Flamme

Ich bitte euch, stellt euch diese wundervolle Flamme mit ihrer starken Kraft einmal vor. Erlaubt ihr vielleicht sogar, euch ganz und gar einzuschließen. Gebt euch ihr einfach hin und lasst sie für ca. 30 Minuten nach ihrem eigenen Gutdünken wirken. Was kann euch schon passieren? Außer vielleicht, dass ihr kurze Zeit mit großer göttlicher Kraft ummantelt und durchflutet werdet und, ja, da ihr in dieser Zeit die Kontrolle über euer Gesamtkörpersystem gänzlich aufgebt, dass ihr vielleicht eine Vereinigung mit eurer Seele erfahren könntet. Macht euch dies ruhig bewusst und seht dann, was mit euch geschieht. Sehe ich gerade einige von euch zurückschrecken? Was hält euch zurück?

Bevor ihr nun vielleicht beginnt, in euch nachzuforschen, was dies sein könnte, sage ich euch: Ihr habt vergessen, was euch zurückhält. Ihr habt dies so sehr vergessen, dass es für viele, viele Inkarnationen gereicht hat. Und je länger es dauert, bis man wieder aus dem Schlaf erwacht, umso tiefer gerät Einiges in Vergessenheit. Viel Mühe kostet es die Menschen dann, wenn die Zeit gekommen ist, Vergessenes wieder hervorzuholen und ins Bewusstsein zu integrieren.

Doch ihr wolltet ja auch die große Mühe, die Menschen empfinden können, kennenlernen, und dies auch im geistigen Bereich.

Das große Vergessen ist auch insofern verständlich, als die lemurische Vergangenheit bei vielen Wesen, die damals gelebt haben, Traumata hinterlassen hat. Und so begannen sich einige der damaligen Bewohner von Lemuria im Vergessen zu üben. Da ihr vorher trainiert hattet, alle Situationen mit klarem Geist erkennen zu können, so ist das Vergessen eine Schwerstarbeit für euch gewesen. Was auf und mit Lemuria geschah, bevor Atlantis geboren wurde, habt ihr vergessen, ebenso wie auch Einiges von der atlantischen Zeit.

Es haben sich Kanäle, die wieder Zugang zu diesem Wissen bekommen haben, bereiterklärt, euch mit ihm wieder vertraut zu machen, und so findet ihr auch einige Bücher, die sich mit Lemuria befassen. Bedenkt jedoch bitte, dass ihr selbst auch Erinnerungen daran habt, und achtet darauf, ob die Texte wissend in euch nachklingen.

Die lemurische Epoche ist insofern wichtig, als die türkisfarbene Flamme dort entstanden ist. Das Zentrum der lemurischen Wissenden verfügte über einige architektonisch sehr interessant gestaltete Gebäude. Unter anderem befand sich in einem ein großer Kristallsaal, der mit vielen Edelsteinen und auch Diamanten in unterschiedlichen Formen ausgestattet war. Einige dieser Steine waren geschliffen. Auch der Schliff war sehr unterschiedlich.

In diesem Saal wurde unter anderem erforscht, wie kosmisches Licht gebrochen werden konnte. Dazu haben die damaligen Wissenden das Licht unterschiedlich gebündelt, in Strahlen verbunden und so in unterschiedlicher Kraft einsetzen können. Die Gabe, Licht zu brechen, besitzt ihr auch heute, doch damals war sie um ein Vielfaches ausgeprägter. Ihr wusstet damals bereits, wie Farben auf ein Körpersystem wirken können und ebenso, wie sie den Tieren, Pflanzen und dem Mutterboden, auf dem ihr leben durftet, bei ihrer Entfaltung helfen konnten. Ihr habt als damalige Wissenschaftler viel experimentiert und ein großes Wissen angesammelt.

Bei ihren Experimenten haben die damaligen Wissenschaftler eines Tages schließlich auch die Farbe Türkis entdeckt. Sie spielten mit dieser Farbe, um ihre Wirkung auf verschiedensten Gebieten zu testen, und sie erzielten wundervolle Ergebnisse.

Alsbald wurde auch entdeckt, dass diese wundervolle Farbe Türkis dabei helfen konnte, Meerwasser zu reinigen, das heißt, von Metallen und bestimmten Mineralien zu befreien, die dann wiederum von den Menschen an Land genutzt werden konnten. Die Flamme hatte die Kraft, auch im Wasser zu leuchten und so das sichtbar zu machen, was die Menschen als Geschenke der Meeresgötter annahmen und was bis dahin nur ungenügend möglich gewesen war. Und es wurden Gebiete unter Wasser entdeckt, die mehr Nutzland für die lemurischen Bewohner versprachen.

Dass sie auch eine große Heilkraft besitzen musste, war ihnen allen auch schon damals klar. Sie hatten ja schon lange mit Lichtheilung und Energien, die sie in unterschiedlicher Stärke einsetzen konnten, um Heilung auf allen ihnen bekannten Ebenen zu bewirken, gearbeitet. Schon sehr bald wagten die Wissenschaftler sich daran, auch die Farbe Türkis mit kosmischer Energie zu durchsetzen. Diesbezügliche Versuche mit anderen Farben führten dahin, dass sie unterschiedliche Hitze entwickelten, wie ihr dies auch von irdischen Flammen kennt.

Die Menschen wendeten später den Ausdruck *Flamme*, den sie bisher nur für ihre irdischen Flammen benutzt hatten, auch auf die große Hitze gebündelter kosmischer Strahlen an, weil der Mensch eine irdische Vorstellung mit der unsichtbaren Energie verbinden wollte, die er sehr deutlich in ihrer Hitze spüren konnte und die der Hitze eines irdischen Feuers sehr ähnlich war. Und genauso traf dies dann auch auf die türkisfarbene Flamme zu.

Da alle Flammen gebündelte kosmische Energie sind, besitzen sie eine große Kraft und bewirken in verstärktem Maße das, was ansonsten kleinere Energiemengen auch in eben geringerer Weise bewirken können. Hierzu könnt ihr auch einiges in anderen Büchern nachlesen.

Wie es jedoch in allen Epochen war, so gab es damals auch Wissende, die spürten und schließlich auch wussten, dass sich die lemurische Zeit dramatisch verändern würde. Einige dieser Wissenden sahen sich nach neuen Gebieten um, wo unter anderen Voraussetzungen weiter geforscht und experimentiert werden konnte. Sie entschlossen sich, auf einen Erdteil in niedrigerer Schwingung zu ziehen. Das sollte Atlantis sein. Doch um den neuen Aufenthaltsort für die Lemurier zumindest schwingungsmäßig annähernd so gestalten zu können, wie sie es von Lemuria gewohnt waren, griffen die Wissenden auf ihr Wissen über die türkisfarbene Flamme zurück und brachten sie mit in diese Ebene. Und so wurde die ehemals lemurische türkisfarbene Flamme zu der atlantischen Flamme.

Auf Atlantis wurden Bewohner gebraucht, die für all das sorgen konnten, was notwendig war, um ein Leben in diesen Schwingungen führen zu können. Die Wissenden versammelten lemurische Bewohner um sich, die bereit waren, sich diesem neuen Abenteuer anzuschließen, und entschieden, dass sie den größten Teil des Wissens, das sie in Lemuria erworben hatten, in die niedrigere Schwingungsebene, in der Atlantis existierte, mitnehmen wollten.

Der Umzug war für viele Bewohner der lemurischen, so sehr geliebten Heimat sehr schmerzvoll. Denn teilweise blieben Familienangehörige zurück, zu denen von nun an der Kontakt fehlen würde. Hinzu kam, dass sie Ungewissheit über den Fortbestand ihrer Heimat in die neue Welt mitnehmen mussten, weil die Wissenden ihnen die Zukunft ihrer Heimat weitestgehend verschwiegen. Doch Eines konnten sie alle mitnehmen, und das war die Erinnerung an die hohe Liebesschwingung, in der sie gelebt hatten. Die Erinnerung half ihnen dabei, sich auch auf Atlantis weiter in dieser Liebesschwingung bewegen zu können, was dann auch zur Erhöhung der Schwingung von Atlantis als Erdteil führte.

Um sich nun unter die Menschen auf der Erde mischen zu können, waren die Lemurier sogar bereit, sich im Vergessen zu üben. Dadurch konnten sie gleichzeitig ihren Schmerz vergessen und mit ihrer ganzen Kraft in das neue Abenteuer einsteigen.

Für viele war dies der Beginn, zunächst jedoch nur für kurze irdische Zeit gedacht, ein Menschsein ohne Erinnerung an die Existenzen auf anderen Ebenen zu erfahren. Sie wollten völlig unbelastet in die atlantische Kultur einsteigen, um sich langsam an den Aufstieg zu machen, der in niedrigen Schwingungsebenen beginnen sollte. Doch dies betraf ausschließlich die Menschen, die einfache Leben gewählt hatten.

Die Wissenden, wie das Wort schon sagt, hatten ihr Wissen zum größten Teil mitgenommen. Und weil ihnen dies immer zur Verfügung stand, so konnten sie die türkisfarbene Flamme sehr schnell auf Atlantis integrieren und damit die Schwingungen noch weiter erhöhen. Sie versprachen sich davon, dass sie auch in der dichteren Schwingung von Atlantis mit dieser Flamme experimentieren konnten, was sie ja letztendlich auch taten.

Zunächst war immer das Wohl aller Beteiligten im Vordergrund. Später war es dann anders. Doch dies ist eine andere Geschichte.
Es sind den Menschen mittlerweile einige, für sie zum Teil auch mysteriöse Flammen bekannt. Ich spreche hier weder von den Flammen des Fegefeuers noch von Höllenflammen, die von Menschen, die zu gewissen Institutionen gehörten, erfunden worden sind, um die Masse der Menschen im Zaum zu halten und ihrem Willen zu unterwerfen, sondern von den Flammen, die geistige Kraft besitzen und dem menschlichen Körper in sehr wirkungsvoller Weise zu dienen bereit sind. Eine davon ist eben auch die türkisfarbene Flamme, die in der atlantischen Zeit besonders stark gewirkt hat und nach dem Untergang dieses so wundervollen Landes bei den Menschen erst einmal für eine längere Zeit in Vergessenheit geraten ist.

Die meisten Menschen, die damals von dieser Flamme wussten, sind ebenfalls beim Untergang dabei gewesen und gestorben. Danach waren zu wenig Menschen da, die sie vor dem Vergessen bewahren konnten. Und vor einigen Jahren, als manche Menschen begannen, sich wieder an ihre atlantische Vergangenheit zu erinnern, wurde auch nach und nach das Wissen darum, dass es eine Flamme gegeben hat, die ganz besondere Heilkräfte besaß und von atlantischen Wissenschaftlern und Heilern, jedoch auch von den Priesterinnen und Priestern eingesetzt wurde, wieder beachtet.

Und so seid ihr endlich wieder an dem Punkt angelangt, an dem ihr alle mit dieser Flamme arbeiten könnt. Wie, erkläre ich euch im nächsten Kapitel.

So freut euch auf das nächste Kapitel.
In Liebe
Serapis Bey

Anwendung und Nutzen der türkisfarbenen Flamme

Einige von euch haben in der heutigen Zeit bereits schon wieder mit dieser wundervollen Flamme gearbeitet, und sie haben ihre Freude und Liebe in die Arbeit mit einfließen lassen. Ich selbst verehre sie als besondere Wesenheit, die eine umfassende Heilkraft besitzt und die göttliche Liebe dazu kraftvoll einsetzt.

Nun, Flammen sind euch hinreichend ein Begriff. Menschlich gesehen, hat eine Flamme immer mit Zerstörung zu tun, auf die eine oder andere Weise. Flammen haben eine zerstörende Kraft, wenn sie den irdischen Gegebenheiten angepasst sind, das heißt, für irdische Dienste in Anwendung gebracht werden. Da sie zerstören, flößen sie auch Angst ein. Der Mensch hat von jeher Angst vor Zerstörung gehabt. Er hatte immer wieder in der einen oder anderen Weise Angst vor Erneuerung. Die Erfahrung der Zerstörung gehört zum Leben dazu. Sie schafft Raum für die Erneuerung. Bitte denkt einmal darüber nach, inwieweit ihr selbst dieser Angst erliegt oder erlegen seid.

Es wurde schon einiges über feinstoffliche Flammen geschrieben, die unterschiedliche Farben haben und auch unterschiedlich wirken. Doch eines haben sie alle gemein: Sie helfen dem Gesamtkörpersystem, zu heilen und somit die Möglichkeit zur Transformation des ganzheitlichen Menschen zu schaffen.

Die atlantische, türkisfarbene Flamme entstand, wie ihr nun gelesen habt, lange bevor der für so viele Menschen in den Bereich der Mystik verbannte Erdteil Atlantis „geboren" wurde. Durch Erdplattenverschiebungen und all die Naturereignisse, die auf der Erde nun einmal zu dem Entstehen von Inseln oder anderen Erdteilen gehören, konnte letztendlich auch Atlantis entstehen.

Atlantis wurde von Wissenden, die aus Lemuria kamen, mit Hilfe der türkisfarbenen Flamme zu dem gemacht, woran sich die Menschen, die auch damals gelebt haben, heute noch erinnern, wenn sie eine diesbezügliche Rückschau machen. Atlantis leuchtete im Licht dieser wundervollen Flamme. Die Menschen, die sich erinnern, wissen, dass die Farbenpracht auf diesem Erdteil leuchtender und strahlender war als in den umliegenden Gebieten. Wenn die türkisfarbene Flamme besonders aktiviert wurde, konnten Pflanzen viel schneller wachsen, als es ansonsten möglich war. Die Kraft der Flamme brachte überall dort, wo sie erstrahlte, auch Mensch und Tier Heilung. Und es ist die türkisfarbene Flamme, der zu verdanken ist, dass Atlantis mit all dem, was dort an wundervollen Dingen geschehen ist, zu einer Wunderwelt für die Menschen wurde, die nur hin und wieder dort verweilten, für diejenigen, die andernorts zu Hause waren.

Dass einige Priester das Geheimnis kannten, wie man die türkise Flamme zu einem starken Strahlen bringen konnte, sodass auch Menschen, die einfache Leben gewählt hatten, also ohne jegliche Priesterausbildung waren, das helle Strahlen sehen und auch spüren konnten, ist nur noch wenigen ehemaligen Priestern, die jetzt auf der Erde weilen, bewusst oder gar bekannt.

Ich bitte euch, die ihr schon wisst, dass ihr Priester wart, und euch, denen das Wissen um ihre atlantische Zeit noch fehlt, in einer Meditation wieder in dieses Wissen einzutauchen, indem ihr euch ganz in diese Flamme hineinbegebt. Am Schluss dieses Kapitels habe ich eine entsprechende Meditation für euch aufschreiben lassen.

Entstanden ist die türkise Flamme durch die Kraft des türkisfarbenen Strahls. Und wie ihr vielleicht wisst, wird jeder Strahl, der aus der geistigen Welt kommt, von geistigen Wesenheiten gehütet. Für die Wesen, die auf der Erde weilten, gab es immer Möglichkeiten, die Wesenheit, die einen Strahl hütete, anzurufen und um die Flamme zu bitten. Sie wurde manifest, indem sich die Wesenheit mit dem Strahl und dem Wunsche des Menschen verband, der die Flamme einsetzen wollte. Die Flamme ist eine vielfach verstärkte Kraft des zu ihr gehörenden Strahls, der Kraft der Wesenheit, die ihn hütet, und der Kraft des Wunsches des betreffenden Menschen, der sie angerufen hat. Durch genau eingesetzte Gedankenkraft konnten die Atlanter damals die Flammen lenken. Heute ist dies ein wenig anders.

Sicherlich könnt ihr euch vorstellen, dass ein ausgebildeter Mensch, der auch noch ein Eingeweihter war und somit wusste, wie die kosmischen Gegebenheiten waren und zudem, wie sie genutzt werden konnten, auch die türkisfarbene Flamme um ein Vielfaches stärker werden und so auch wirken lassen konnte.

Flammen der geistigen Welten entstehen, um Menschen, Tiere und Pflanzen und auch ganz bestimmte Situationen auf der Erde zu unterstützen. Flammen werden farblich gestaltet, damit sie zum einen für euch zu unterscheiden sind und ihr erkennen könnt, welche Flamme in ihrer Farbe für das, was ihr erreichen wollt, zum Einsatz gebracht werden kann, und zum anderen, um die Farben heilend einsetzen zu können. So hat jede Farbe eine bestimmte Heilqualität, die wiederum mit den Farben der einzelnen Chakren harmoniert.

Wer sich mit der Chakralehre befasst hat, weiß auch zum Teil um die Qualitäten und Wirkensweisen der farblich unterschiedlichen Flammen.

Die sieben Hauptchakren werden ebenso nach Farben unterschieden wie auch die sieben Strahlen. Doch bei ihnen fehlen der türkisfarbene Strahl und somit auch die türkisfarbene Flamme. Vielleicht könnt ihr euch jetzt denken, dass sie zu einem bestimmten Chakra im feinstofflichen Körper gehört, das erst jetzt wieder, in der neuen Zeit, zu voller Entfaltung im physischen Bereich gelangen soll. Trotzdem arbeiten bereits einige Menschen mit ihrer Heilkraft und haben wundervolle Ergebnisse vorzuweisen.

Daraus dürft ihr nun schließen, dass der feinstoffliche Körperteil, welcher von ihr unterstützt wird, bereits dabei ist, sich enger mit dem physischen Körper zu verbinden. Es wurde euch ja auch bereits mitgeteilt, dass sich eure physischen Körper im Laufe der nächsten Jahrhunderte verändern werden.

Wie irdische Flammen mit den nötigen Hilfsmitteln in Gang gesetzt werden, ist wohl den meisten Menschen bekannt. Selbst kleinere Kinder wissen darum und probieren gerne aus – auch wie es ist, sich zu verbrennen. Und manche Menschen scheint dies geradezu süchtig zu machen. Es ist mit Flammen, die zur irdischen Ebene gehören, schon viel Schaden angerichtet worden. Flammen sind sehr heiß und können sehr schnell etwas verbrennen. Also scheint es besser zu sein, umsichtig mit ihnen umzugehen. Das kann ich nur bestätigen.

Auf der irdischen Ebene sind Flammen, die in einer Vielzahl brennen und so ein loderndes Feuer ergeben können, sehr wichtig geworden. Die kalten Winter werden durch diese Kraft für Mensch und Tier erträglicher, doch auch, wenn etwas verbrannt wird, ob es nun Felder oder Wälder sind oder nur kleinere Mengen von was auch immer, ist dies sehr wichtig für den gesamten Kreislauf von Mutter Natur und letztendlich auch wieder für die Ganzheit. Denn Feuer reinigt von allen irdischen Schlacken. Es verhilft dem Wesen „Erde" zu Reinheit und Klarheit, was sich schwingungsmäßig wiederum in den feinstofflichen Bereich ausdehnt, mit den feinstofflichen Schwingungen verbindet, von ihnen weiter getragen wird und immer weiter. Und statt etwas von ihrer Kraft einzubüßen, verstärken sie sich, je weiter die Schwingungen getragen werden. Etwas anderes ist es jedoch, wenn Menschen verbrennen. Doch dazu komme ich später.

Dieses Kapitel mag einigen Menschen, die ehemalige atlantische Priester waren, aufzeigen und vielleicht auch wieder bewusst machen, wozu sie damals in der Lage waren, jedoch auch, mit welch göttlicher Kraft gerechnet werden muss, wenn diese Kraft einmal in ihrer ganzen Stärke eingesetzt werden würde. Bisher ist dies auf dem Planeten Erde immer nur annähernd erreicht worden. Doch diesbezügliche Versuche gab es immer wieder, und zwar auch in jede vorstellbare Richtung. Ihr wisst, dass das, was Lichtarbeiter vermögen, auch die dunklen Kräfte vermögen.

Was bei den Menschen damals und auch heute bisher häufig außer Acht gelassen wurde, ist das Wissen darum, dass sich die göttliche Kraft verselbstständigen kann und dass sie immer zum Wohle ihres ganzheitlichen Planes wirken wird. Denn sie setzt voraus, dass jedes Lebewesen, und wenn es noch so klein ist, dem göttlichen Plan ebenfalls dienen möchte. So ist die Vereinbarung aller Lebewesen einst gewesen, und nun dürfen alle nach Wegen suchen, ihrem einstigen Versprechen in jeder erdenklichen Weise zur Erfüllung zu verhelfen.

Menschen, die sich auf der Erde als Heiler betätigen und die ihre Arbeit mit der Kraft der göttlichen Energie unterstützen, bitte ich, sich, bevor sie zu arbeiten beginnen, das, was ich gerade gesagt habe, klarzumachen und das Ergebnis der Arbeit dem göttlichen Willen zu überlassen. Hütet euch bitte davor, irdische Heilung zu versprechen, denn euch fehlt das Wissen darum, welcher Art die von euch vorgenommene Heilung sein wird. Und so wirkt diese Kraft oft in eine Richtung, die das Wohl des behandelten Lebewesens absolut in den Vordergrund stellt, doch durchaus auch hin und wieder das menschliche Verständnis für das Wohl anderer überfordert. Das Wohl anderer Lebewesen gehört immer zum göttlichen Plan, und euch, liebe Helfer, die sich als Heiler verdingt haben, bitte ich, das immer zu berücksichtigen. Und habt ihr Vorstellungen bezüglich der Heilung eures Patienten, die eventuell in die Richtung gehen, dass der irdische Körper durch euren Einsatz wieder gesunden wird, so bedenkt, dass das geistige Wesen, welches in dem Körper wohnt, vielleicht einen neuen Körper bewohnen möchte. Euch fehlt das Wissen darum; selbst dem Patienten fehlt es, doch jede göttliche

Kraft, ob Flammen oder Energie in anderer Form, besitzt es.

Ich will euch dies wieder bewusst machen, weniger aus dem Grund, euch in Angst und Schrecken zu versetzen, als aus dem Grund, euch darauf aufmerksam zu machen, dass zur Anwendung einer jeden Flamme Eigenverantwortung gehört und auch ein verantwortungsvolles Verhalten allen anderen Wesen gegenüber. Wird die Flamme für ihn selbst eingesetzt, so mag dies auch ein Mensch tun, der ohne tieferes Wissen bezüglich ihrer Heilkraft ist. Wird sie für andere eingesetzt, so denkt bitte über meine Worte nach. Überlasst die Führung denen, die es besser wissen als ihr. So dürfte es euch auch leichtfallen, ein eventuell noch vorhandenes Enttäuschungsmuster zu durchbrechen.

Doch bei aller Vorsicht, zu der ich für die Benutzung der Flammen aufrufe, bitte ich euch, sie trotzdem so oft wie möglich anzuwenden. Ich denke, ich habe euch zur Genüge erklärt, dass sie mit Bedacht angewandt werden sollte, um Schäden im ganzheitlichen Bereich zu vermeiden. Indem ihr die Wirkung freigebt, so tut ihr auch kund, dass ihr dem göttlichen Wirken vertraut, und so wird das Wohl aller bedacht.

In der Neuen Zeit dieses Jahrtausends werdet ihr darauf vorbereitet, alle euch bekannten Flammen wieder so anwenden zu können, wie ihr es einst konntet. Das heißt, dass ihr auch immer mehr erkennen werdet, was es bedeutet: zum Wohle für alle Beteiligten zu handeln.

Die Flammen werden angerufen, und wer sich wieder erinnert oder in der heutigen Zeit eingeweiht wurde oder es gelesen hat, der weiß, dass eine Anrufung geistiger Wesenheiten möglichst dreimal hintereinander erfolgen sollte, um die größtmögliche Wirkung erzielen zu können. Ihr könnt die Flamme zum einen mit den Händen lenken, indem ihr euch vorstellt, dass sie von den Händen weitergeleitet wird, oder ihr könnt dies in eurer Vorstellung tun. Die Flamme wirkt über die geistige Kraft desjenigen, der sie angerufen hat – doch, wie gesagt, zum Wohle aller Beteiligten.

Und dazu frage ich euch jetzt, habt ihr jemals darüber nachgedacht, warum Atlantis untergegangen ist? Ja, einige von euch haben dies. Sie haben durch eigene Rückschau und Informationen von anderen viele Hinweise bekommen. Doch wie sehr ihr alle, die damals dabei waren, noch bis heute darunter gelitten habt, was damals geschehen ist, wissen nur wenige von euch. Und ermessen, was das wiederum für die Gesamtentwicklung des Planeten bedeutet, kann dies wohl kaum ein menschliches Wesen, selbst wenn es noch so erwacht ist.

Atlantis existiert in seiner ganzen Pracht noch immer im feinstofflichen Bereich. Ihr würdet staunen, wenn ihr euch selbst in diesem feinstofflichen Atlantis sehen könntet. Viele von euch, die am Untergang dieses Kontinents durch ihre Taten, in Verbindung mit den Taten der Naturgewalten, beteiligt waren, laufen in vielen Nächten, in denen sie die Traumebenen bereisen, schuldbeladen durch die Gebiete von Atlantis, die ihnen bekannt waren. Doch auch diejenigen, die durch oppositionelles Verhalten zum Untergang beigetragen haben, sind häufig dort zu finden, und ebenso schuldbeladen ziehen sie dort umher. Jedoch sie fühlen sich schuldig, weil sie glauben, zu wenig Kraft gehabt zu haben, um den Untergang verhindern zu können, und sie hadern deshalb mit sich selbst und mit der großen göttlichen Kraft, die den Untergang ja zugelassen hat.

Auf dieser Ebene ist euch bewusst, dass irgendwo eine große türkisfarbene Kraft sein muss, die auf euch wartet, um eingesetzt werden zu können. Auf dieser Ebene wisst ihr auch, dass diese Kraft zur Heilung von Atlantis, den Menschen, Tieren und Pflanzen eingesetzt werden kann und sollte. Doch so sehr ihr bisher auch bewusst auf dieser Ebene nach ihr gesucht habt, entging ihre Entdeckung eurer Bewusstheit auf der Traumebene trotzdem. Denn sobald ihr sie dann endlich entdeckt hattet, ließ euch diese enorme Kraft zurückschrecken, denn sie erinnerte euch an die Kraft, die zum Untergang führte. Und da ihr alle euch beim Untergang dieses wundervollen Kontinents geschworen habt, ihn wieder zu heilen, versucht ihr dies auch immer wieder, bisher jedoch, wie gesagt, vergeblich.

Sich selbst oder auch anderen gegebene Versprechen sollten eingehalten werden, denn andernfalls wird eure Seele euch immer wieder auf einer euch unbewussten Ebene daran erinnern, und es wird eine Art Unfrieden in euch entstehen, den ihr manchmal vergeblich zu verstehen sucht. Und so ist es auch sehr häufig bezüglich der atlantischen Geschichten. Versteht ihr nun, dass, um Atlantis heilen zu können, zunächst ihr selbst von diesen krankmachenden Vorstellungen und Entscheidungen geheilt werden müsst?

Darum gebe ich in diesem Buch so Vieles über die Geschichte von Atlantis bekannt und verknüpfe dieses Wissen mit dem gespeicherten Wissen in eurem Unterbewusstsein, damit endlich alles Hinderliche erlöst werden kann und der Erde wieder einmal ein Stolpersteinchen (in diesem Falle wohl eher ein Stolperfelsen) aus dem Weg geräumt werden kann. Dies muss von euch erfolgen. Ihr habt nun einiges an Werkzeugen an die Hand bekommen, bitte nutzt es für euch und all die anderen.

Der Nutzen der türkisfarbenen Flamme ist ebenso wie der Nutzen aller Flammen für die Weiterentwicklung eures Planeten mitsamt seinen Bewohnern gedacht. Doch einige Flammen helfen auf spezielle Art auch, ganzheitlich zu heilen, was zur Weiterentwicklung ja dazugehört. Die türkisfarbene Flamme ist außer ihrer Heilkraft zudem noch dazu da, in feinstofflichen Wissensbereichen Erleuchtung zu bringen, bei Experimenten zu helfen und die Ergebnisse auf dem Erdteil zu verankern, auf dem sie erfolgreich unternommen worden sind. Ich erinnere hierzu wieder an Lemuria.

Doch bevor Atlantis geheilt werden kann, müssen sich die ehemaligen Bewohner des Kontinents, und das seid zunächst einmal ihr alle, die dieses Buch lesen, in höhere Schwingungsebenen begeben. Das bedeutet, wirkliche Liebe zu den Menschen, mit denen ihr heute lebt, empfinden zu können. Dies ist einfacher, als ihr denkt. Hilfen, euch in diesen Zustand zu bringen, haben alle mehr als genug. Ein Wort von euch genügt.

Habt ihr den Zustand der Liebe (zunächst reicht es hin und wieder) erreicht, so kann die Heilung von Atlantis beginnen. Dazu wird eure Gedankenkraft von euch mit dem türkisfarbenen Strahl verbunden, die Wesenheit des Strahles dreimal angerufen und die Flamme um Heilung des Kontinents gebeten. Danach dürft ihr loslassen und geschehen lassen, was die Flamme tut. Ist Atlantis weitestgehend von allen Schlacken der menschlichen Gedankenwelt geheilt, so kann dann auch endlich die Erde mit einbezogen werden.

Euch fehlt noch der Name der Wesenheit des türkisfarbenen Strahls. Ich übersetze ihn so, dass ihr ihn leicht behalten könnt und ihn genausoleicht bei der Anrufung aussprechen könnt.

Der Name ist: Soldura!!!

Alles, was ich euch in diesem Kapitel erzählt habe, überdenkt bitte noch einmal. Ihr werdet dadurch immer bewusster, und eure irdischen Handlungen werden mit Bedacht erfolgen und die Eigenverantwortung für all eure Taten von euch angenommen.

Ich wünsche euch viel Freude beim Weiterlesen. Und möge bei denen, die das Wissen schon einmal besaßen, eine Türe in ihrem Bewusstsein aufgehen und es sich wieder einstellen, und bei denen, die es erst jetzt bekommen, sich festigen für alle Zeiten.

Ihr alle habt mein tiefstes Mitgefühl.

Ich liebe euch alle so sehr
Serapis Bey

Meditation

Nachdem ich euch nun einiges über die türkise Flamme erzählt habe, möchte ich euch in eine Meditation führen, in der ihr erleben könnt, wie sie sich in der atlantischen Zeit für euch angefühlt hat. Dazu spreche ich jetzt direkt zu jedem Einzelnen, damit ihr die persönliche Verbundenheit mit mir besser spüren könnt. Außerdem möchte ich erreichen, dass jeder Einzelne von euch in seine eigenen Erfahrungen eintauchen kann. Das ist einfacher, wenn auch der persönliche Aspekt des Einzelnen beachtet wird.

Mache dich bitte bereit, mit mir in die Meditation zu gehen. Tue bitte das, was du vor jeder Meditation tust, um dich vorzubereiten, und dann stimme dich bitte auf mich ein.

> Nimm nun einige tiefe Atemzüge, atme ein und aus und wieder ein und aus. Lass die Atmung in immer gleichem Rhythmus fließen, ein und aus und wieder ein und aus, so lange, bis sich in deinem Körper Entspannung zeigt.
>
> Sobald du spürst, dass du entspannter wirst, bilde bitte vor deinem Dritten Auge einen Tunnel, der in der Ferne in einen lichtdurchfluteten Saal mündet. Dort warte ich auf dich.
>
> Wenn du bereit bist, siehe dich aus deinem Körper austreten und den Tunnel betreten.

Ich bitte dich nun, langsam Schritt für Schritt auf mich zuzukommen und mir gegenüber stehen zu bleiben. Bist du angekommen, schau mir bitte in die Augen und erlaube mir, an dir zu arbeiten.

Ich reiche dir zur Begrüßung meine Hände, die du nun ergreifen kannst. Indem wir uns berühren, fließt eine starke Kraft in deine Hände.

Diese Kraft fließt nun in deinen ganzen Körper, breitet sich dort aus und hebt dich ein wenig an, doch nur dann, wenn es dir angenehm ist und auch nur so weit, wie es dir angenehm ist. Lass diese Kraft nun bitte einige Zeit wirken, sie trägt dich schließlich in die atlantische Zeit zurück.

Solltest du jetzt Angst spüren, lass es geschehen und vertraue mir, denn ich stehe an deiner Seite und achte auf dich. Du wirst wohlbehalten deine Erfahrungen, die dich in deinem heutigen Leben immer noch behindern, ansehen und schließlich wieder aus der Meditation in dein tägliches Leben der jetzigen Zeit zurückkehren.

Du befindest dich immer noch in der Kraft, die ich durch dich fließen lasse, und bemerkst nun, wie sich die Lichtverhältnisse in unserer Umgebung verändern. Ganz langsam wechselt das helle Licht in leuchtend türkisfarbenes Licht und lässt alles, was du sehen kannst, in diesem Licht erstrahlen. Je heller das Türkis leuchtet, umso stärker wird die Kraft, die ich durch dich fließen lasse. Denn jetzt habe ich mich mit dem türkisfarbenen Licht verbunden und ermögliche Dir, es wieder spüren zu können.

Wie dieses Licht alles in sich aufnimmt, so werden auch du und ich von diesem Licht durchflutet. Es wird dir sehr warm und du bemerkst plötzlich, dass du in der türkisfarbenen Flamme stehst. Erlaube ihr bitte zu wirken.

Während sie das tut, siehst du plötzlich einige Gestalten in langen türkisfarbenen Gewändern, und dir wird wieder bewusst, dass du Priestern und Priesterinnen gegenüberstehst. Bitte sie, dich in ihren Kreis aufzunehmen und dir zu zeigen, wer du unter ihnen warst und welche Aufgabe du bezüglich der türkisfarbenen Flamme übernommen hattest, und wisse, dass ich die ganze Zeit an deiner Seite stehe.

Erlaube dir nun, tief in deine Vergangenheit auf Atlantis einzutauchen, und schaue dir auch an, welche Erfahrungen du mit der türkisfarbenen Flamme gemacht hast. So kannst du gleichzeitig die Situationen klären, die du aus der atlantischen Zeit bereits kennst und die dir im jetzigen Leben immer wieder begegnen und noch immer Schwierigkeiten bereiten, und die Wirkung der türkisfarbenen Flamme erfahren, so wie du sie damals auf Atlantis erfahren hast.

Wenn du nun das Gefühl hast, lange genug in deiner atlantischen Vergangenheit verbracht zu haben, erlaube mir, dich wieder in dein tägliches Leben zurückzubringen. Die Gefühle, die du gespürt hast, haben sich jetzt tief in dein Bewusstsein eingegraben und du kannst sie immer wieder fühlen, wenn du daran denkst oder dich mit der atlantischen Flamme verbindest. Und nutze sie in Zukunft so oft wie du nur kannst. Sie hilft dir dabei, die atlantische Vergangenheit zu bewältigen, auch indem sie dir bewusst macht, welche belastenden Programmierungen aus der damaligen Zeit sich in deinen Zellen befinden, die dich heute daran hindern, dein Leben in Freude und Leichtigkeit leben zu können.

Doch solltest du kürzlich einen lieben Menschen oder ein dir ans Herz gewachsenes Tier verloren haben, so bitte diese Flamme, dir zunächst hier Heilung zu bringen. Du darfst die türkisfarbene Flamme auch Verstorbenen schicken, die sich eventuell noch energetisch bei dir aufhalten.

Auch diese Meditation darfst du selbstverständlich so oft machen, wie du möchtest und wie es deine Zeit erlaubt.

Mit Freude in meinem Herzen werde ich dich begleiten, wenn du mich dazu bittest.

In Liebe
Serapis Bey

Meine Arbeit auf dem Weißen Strahl

Es ist mir ein Anliegen, euch zunächst Klarheit über die Dauer meiner Anwesenheit auf dem Weißen Strahl und die Verbundenheit mit ihm zu bringen. In einigen Büchern wurde geschrieben, in Life-Channelings sogar auch direkt mitgeteilt und euch somit bekannt gemacht, dass ich der Hüter und Lenker des Weißen Strahls bin. Ich bin sehr dankbar für die Übermittlungen und möchte die Aussagen noch einmal bestätigen. Denn so ist es bis zum jetzigen irdischen Zeitpunkt tatsächlich immer noch, und es wird auch, nach eurem Zeitverständnis, für eine lange Zeit so bleiben. Dies wurde bereits zu Beginn des Buches von mir erwähnt und dient hier nur noch einmal zur Erinnerung und Bestätigung dieser Tatsache. Denn ich weiß, dass ich diesbezüglich in einigen Botschaften ein wenig fehlinterpretiert wurde. Darum bin ich auch sehr dankbar für diese Gelegenheit, die Dinge klarzustellen.

Die Fehlinterpretationen kamen zustande, weil einige Meister und Engel in verschiedenen Botschaften übermittelt haben, dass im Goldenen Zeitalter durchaus die Möglichkeit besteht, die bisherigen Hüter beziehungsweise Lenker der Strahlen durch andere Wesenheiten zu ersetzen, und dass dies auch verschiedentlich so geschehen ist. Es wurden Namen dazu genannt und die Botschaften flossen zu euch, manchmal ohne dass sich die Kanäle vergewissert hatten.

Nun sollt ihr als Kanal ja übermitteln, was ihr hört. Doch manchmal ist es ganz besonders wichtig, noch einmal nachzufragen und sein eigenes Denken loszulassen. Und ganz besonders dann, wenn Namen oder auch Daten im Spiel sind, die weitergegeben werden sollen. Die Kanäle sollten hierzu ein wenig Geduld aufbringen, um der wirklichen Antwort genug Zeit zu lassen, damit sie fließen kann. In Life-Channelings fällt dies einigen Kanälen etwas schwer, denn oft meldet sich hier eine Angst, die aus dem Unterbewussten aufsteigt, dass die Durchgaben eventuell zum Stillstand kommen könnten. Die Angst ist ursächlich fast immer in anderen längst verflossenen Leben zu finden. Und ihr solltet wissen, dass die Durchgaben noch deutlicher zu euch vordringen können, nehmt ihr euch auch genug Zeit für die Übermittlung. Also lasst eine diesbezügliche Angst jetzt Schritt für Schritt los. Ich bin dabei guter Hoffnung, denn ich sehe, dass ihr alle, die ihr Kanäle seid, immer sicherer in dem werdet, was ihr an Botschaften aufnehmt. Das bedeutet letztendlich, dass ihr gemeinsam mit eurer inneren Führung an dem Gefühl gearbeitet habt, welches euch in allem, was ihr tut, denkt und sagt, eine tiefe innere Sicherheit verleiht.

Es kann ein Wechsel in der Betreuung der euch zurzeit bekannten zwölf Strahlen vorgenommen werden, wenn dies von den Wesenheiten, die bisher dort einen Teil ihrer Aufgaben erfüllt haben, angestrebt wird. Doch diese Möglichkeit hat von jeher bestanden, und jedes Geistwesen kann sich jederzeit neuen Aufgaben zuwenden, wenn es dies möchte. Auch wir haben den freien Willen und durchaus den Mut, ihm auch nachzugeben.

Aufgrund der oben erwähnten Durchgaben suchten einige Kanäle nach Meistern und Engeln, die eventuell andere Aufgaben übernehmen wollten, und irgendwie bin auch ich in diese Kategorie hineingerutscht. Hier wurde einfach zu wenig beachtet, dass wir alle multidimensional sind und, wie gesagt, auch manchmal versäumt, sich zu vergewissern.

Auch diese Aussagen habe ich hiermit zum Teil wiederholt, meine Lieben. So manifestiert sich dieses Wissen auch vielleicht besser in eurem Bewusstsein, in dem Teil, der euch auch in eurem täglichen Leben bewusst ist.

Allein meine in früheren Zeiten gemachten Durchgaben zum Thema meiner Hüterschaft, die von anderen Kanälen bereits an euch weitergegeben wurden, sind schon sehr wertvolle Informationen für euch, um ein wenig mehr über die Strahlen zu erfahren und die Wesenheiten, die dort tätig sind, sowie ihre Aufgaben. Doch um euch eine weitestgehend genaue Vorstellung davon zu ermöglichen, was ich dort tue, ist es meiner Meinung nach notwendig, dass ich euch die folgenden Erklärungen gebe. Ich betrachte es auch als einen Teil meiner Arbeit auf dem Weißen Strahl, darüber zu berichten. In diesem Kapitel gebe ich Teilbereiche meiner Aufgaben, die unmittelbar mit ihm in Verbindung stehen, bekannt, doch auch ein wenig mehr, was andere meiner Betätigungsfelder betrifft. Ihr könnt euch sicherlich denken, dass es immer nur Teilbereiche sind, die ich euch bekanntmachen kann, weil eben auch immer der menschliche Bewusstseinsstand berücksichtigt werden sollte.

Erklärungen zu meiner Arbeit dienen mir dazu, mich euch näherzubringen, dem Status des glorreichen Engels ein wenig zu entweichen und euch somit die Möglichkeit zu geben, zu erkennen, dass ich ein Wesen bin, das die Menschen in göttlicher Liebe und Güte und mit unendlichem Verständnis für ihre Probleme betreut. Und so werdet ihr mich tatsächlich lieben lernen. Ich jedenfalls bin davon überzeugt. Die Zeichen der jetzigen Zeit stehen gut für die Verständigung zwischen geistigen Wesenheiten und den lieben Mitschwestern und Brüdern auf der Erde und ebenso für liebevolle Nähe, die alle Beteiligten genießen dürfen.

Und so sei es.

Ebenso wie ihr nach Beweisen sucht, die ihr mit irdischen menschlichen Augen sehen könnt, so wollen die meisten Menschen auch geistige Taten auf der irdischen Ebene mit irdischen Augen erkennen können.

Da die Taten der Geistwesen bisher jedoch kaum von den Menschen wahrgenommen, geschweige denn gesehen worden sind, will ich euch in meinem Buch dafür ein wenig die irdischen Augen öffnen und sie für die Zukunft etwas sensibler machen. Das jetzige Kapitel bewirkt Vieles in dieser Richtung.

Meine Idee, die dahinter steckt, wurde durch die Beobachtung geboren, dass die Menschen ihre Beiträge zur Ganzheit eben immer noch gern an dem messen, was sie für *Taten* halten. Und das sind bisher fast immer noch ausschließlich Taten, die für sie *sichtbar* sind. Noch messen sich die Menschen gegenseitig mit Vorliebe an sichtbaren Taten. Ein Teil meines Aufgabenbereiches auf dem Weißen Strahl erfordert von mir, für Menschen, die interessiert sind, sich mit spirituell-geistigen Wissenschaften zu befassen, auch sichtbare Taten zu produzieren und schließlich zu hinterlassen. Noch sind dies nur wenige Taten, doch die Menschen, die sie erkannt haben, betrachten sie als wundervolle Geschenke. Und das, was ich tue, tun auch alle anderen Geistwesen, jeder auf seine spezielle Art.

Bevor ich jedoch diesbezüglich spezifizierte Schilderungen gebe, die mich betreffen, möchte ich auf ein menschliches Verhalten, eine Tradition hinweisen, welche euch weltweit in fast allen Kulturen begegnet. Sie soll euch als Beispiel dienen und bewusst machen, wie gern ihr Taten sehen möchtet und aus welchen tieferliegenden Gründen euch dies so wichtig ist.

Hierzu dürft ihr euch einmal intensiver mit dem Inhalt von Grabreden beschäftigen. In ihnen werden gern die guten Taten der Verstorbenen ganz besonders dargestellt und hervorgehoben. Doch es kommen in der Regel, Gott sei gedankt, auch noch besonders liebevolle Wesenszüge zur Sprache, und sind kaum welche zu finden, werden die härteren Wesenszüge in der Regel weicher dargestellt. Es wird das Augenmerk auf die sogenannten guten Seiten des Verstorbenen gelenkt. Insofern gestaltet ihr lieben Menschen die ansonsten harten Beurteilungen weicher und liebevoller und dadurch erweist ihr dem Verstorbenen eine gewisse Achtung, wenn auch in vielen Fällen die Hinterbliebenen oftmals mit tiefen Gefühlen des Grolls gegen den Verstorbenen an dessen Grab stehen, weil sie glauben, von ihm zuwenig gute Taten für sich selbst erhalten zu haben, und damit wird die Weichheit, die durch die Grabrede erwirkt wurde, zumindest wiederum neutralisiert. Doch insgesamt gesehen, vollbringt ihr bei den Grabreden eine wahre Leistung der Nächstenliebe. Und dafür gebührt euch Dank, den die geistigen Wesenheiten mit viel Liebe zu euch senden. Dies ist eine geistige Tat, die für euch jedoch nur im feinstofflichen Bereich zu sehen ist.

Im weitesten Sinne gehört auch das Thema Grabreden zu meiner Arbeit auf dem Weißen Strahl. Doch davon erzähle ich euch später mehr.

Zum Weißen Strahl gehören, ebenso wie dies bei allen Strahlen der Fall ist, gewisse Aufgaben. Für den Menschen, der sich vor seiner Inkarnation dafür entschieden hat, den Meisterweg zielstrebiger voranzuschreiten, und sich daher mit bestimmten Disziplinen auseinandersetzen möchte, sich in ihnen üben möchte, teilweise bis hin zur Perfektion, sind die Strahlen, die göttlichen Direktverbindungen, Straßen, die, einmal betreten, wie ein Sog wirken und so viele unterschiedliche Möglichkeiten bieten, sich in den jeweiligen Disziplinen üben zu können, wie dies ansonsten nur selten der Fall war und ist. Doch die vielen Möglichkeiten bieten selbstredend auch ebenso viele Möglichkeiten, Irrwege zu beschreiten, auf denen man sich verirren kann, wie dies ja auch immer möglich war und noch ist.

Wer nun auf dem Weißen Strahl zur Erde gelangt ist, sich mit ihm verbunden hat, hat sich so auch gleichzeitig für die Übung der Disziplinen entschieden, die diesem Strahl zugeordnet sind. Doch für alle Wesenheiten, die auf den Strahlen reisen, gilt, wie bereits erwähnt, die gleiche Bedingung, lediglich die Disziplinen sind auf jedem Strahl unterschiedlich.

Viele von euch wissen zu wenig über die Strahlen oder gar, auf welchem Strahl sie wohl zur Erde gelangt sind. Vielleicht befasst ihr euch einmal ein wenig mehr mit ihnen, wenn ihr interessiert seid, und ergründet anhand der Disziplinvorgaben jedes einzelnen Strahles, in welchen ihr euch selbst als schulungsbedürftig einordnen würdet, und erkennt so vielleicht, auf welchem Strahl ihr zur Erde gekommen seid.

Sicher, dazu gehört ein wenig Ehrlichkeit sich selbst gegenüber, jedoch bitte ich euch, diese wirken zu lassen, ohne euch selbst zu tadeln, solltet ihr etwas bei euch erkennen, das ihr bei anderen bisher gerne verurteilt habt. Und solltet ihr zunächst Schwierigkeiten mit der Ehrlichkeit euch selbst gegenüber haben, so bittet eure Seelenführung um Hilfe. Auch das ist etwas, das ich immer wieder empfehle. Und wer mit ihr zusammenarbeitet, der weiß, warum ich dies gerne tue. Es dient dazu, euch in eurer Gesamtheit erfühlen zu können, und beendet das Gefühl der Getrenntheit, wenn der Mensch längere Zeit mit ihr zusammengearbeitet hat.

Möchtet ihr Hilfe, um eine Antwort zu bekommen, weil ihr bisher vielleicht noch zu wenig Erfahrung bezüglich der Zusammenarbeit mit eurer Seele habt, so werdet ihr sie auch bekommen. Ich stehe diesbezüglich ebenfalls an eurer Seite und leite euch zu dem Menschen, der sie euch auf der irdischen Ebene geben kann. Und seht, das ist eine der schließlich für euch sichtbaren Taten, die ich vollbringen darf. Menschen zueinander führen ist eine wunderschöne Aufgabe, der sich viele Geistwesen verschrieben haben. Doch diese „Zufälle" haben viele Menschen bisher immer noch als Zufälle gesehen, ohne zu erkennen, dass dies sichtbare Taten der Geistwesen sind. Also können wir daraus schließen, dass, um erkennen zu können, um mit irdischen Augen sehen zu können, was an Taten aus der Geistwelt kommt, von den Menschen zunächst das Erkennen notwendig ist, dass ein Zufall ein Geschenk ist. Und erst dann ist es auch möglich, Taten der geistigen Wesen zu „sehen“.

Seht, meine Lieben, Sinn des ganzen Versteckspiels, wie einige von euch das irdische Leben in Bezug auf die geistigen Ebenen und Wesenheiten erfahren, ist es, als Mensch wieder erkennen zu können, dass es außer ihm auch feinstoffliche Wesen gibt, die in feinstofflichen Ebenen existieren. Und so dürfen die Menschen letztendlich auch wieder erkennen, dass es eine Wesenheit gibt, die alles in Bewegung gesetzt hat und das Spiel immer im Auge hat und bei Hilferufen auch tatsächlich hilft. Dies geschieht jedoch immer so, dass auch der Erfahrungs- und Lebensweg des einzelnen Menschen berücksichtigt wird und die Hilfe dem Menschen auch hierbei weiterhilft. Doch da der Mensch im Allgemeinen zu wenig darüber weiß, obwohl es ihn selbst betrifft, kann er die Hilfe nur selten erkennen. Zu diesem Thema erfahrt ihr im Kapitel „Vergessene Kontakte zur Heimat des Menschen“ mehr.

Um jetzt auf die Disziplinen die auf dem Weißen Strahls zu üben sind, zu kommen, so waren es von jeher folgende zu erwerbende beziehungsweise zu vervollständigende Fähigkeiten: Disziplin, Reinheit, Ehrlichkeit sich selbst gegenüber und somit Klarheit und geistige Stärke, die letztendlich zum endgültigen Aufstieg führen.

Die Disziplinen sind natürlich in unendlicher Vielfalt an Möglichkeiten auszuprobieren. Auch hier gilt wieder das Analogiegesetz. Als Beispiel: Übt ihr Reinheit in euren Gedanken, so gehört dazu auch, Reinheit in eurer Umgebung und auch in und an eurem Körper zu üben. Und so könnt ihr das Erfahrungs- und Übungsfeld sehr weit ausdehnen.

Der Aufstieg ist zugleich auch die Fortsetzung eures Meisterweges. Auf dem Weg dahin befinden sich alle Menschen, die sich mit geistigen, spirituellen Themen beschäftigen, seit längerem. Doch wie es immer so ist, rasten einige Menschen, während andere schnell vorwärtsgehen möchten oder wieder andere nur langsamer. So ist die Straße des Aufstiegs zum einen sehr breit, und zum anderen finden wir auf ihr überall Wesenheiten, die sie in ihrem ureigensten Tempo entlanggehen.

Natürlich dürfen sich alle Menschen in den genannten Disziplinen üben, doch diejenigen, die den Weißen Strahl als Verbindungsstrahl zur göttlichen Welt gewählt haben, sind in der jetzigen Inkarnation, selbstverständlich auch mit all den Hilfsmitteln, welche die neue Zeit zur Verfügung stellt, gehalten, in ihnen immer sicherer zu werden, so lange, bis sie tatsächlich ihre Gedanken in reiner Weise, ummantelt mit unendlicher Liebe, steuern können. Es ist wundervoll zu sehen, wie viel Hilfe euch dazu auch von den Wesenheiten, die Lenker der anderen Strahlen sind, gebracht wird.

Ob ihr euer Ziel im jetzigen Leben erreicht, ist unerheblich. Also lasst ruhig die Eile ziehen, sollte sie euch bedrängen, und arbeitet dafür lieber gründlich. Es ist durchaus möglich, dass einige von euch neue Versuche in weiteren Leben starten dürfen. Denn ihr alle habt vor der jetzigen Inkarnation beschlossen, euch einem von euch selbst zunächst vorgegebenen Zeitplan zu entziehen, nach dessen Ablauf ihr die genannten Disziplinen perfekt anwenden können wolltet.

Einige von euch haben dies bereits in früheren Zeiten nahezu perfekt gekonnt; doch eben nur nahezu perfekt, und dadurch sind sie verschiedentlich in neue Leben eingestiegen, um endlich die Perfektion zu erlangen. Ihr habt erkannt, dass, bis Perfektion, nach menschlicher Vorstellung, nebenbei bemerkt, in einer Sache erlangt werden kann, sehr viel geübt werden muss. Und auf der Erde kommen sehr viele Erschwernisse hinzu, die euch jedoch nach ihrer Bewältigung ein grandioses Ergebnis liefern.

Ich habe jedoch noch eine Frage zur perfekten Beherrschung der diversen Disziplinen. Bitte, was bedeutet Perfektion für euch? Ist dies eventuell eine eurer Bewertungsstrategien die verhindert, dass ihr zu bald euren Aufstieg weiter verfolgen könntet? Es wäre sehr nett von euch, wenn ihr diesbezüglich ein Gespräch mit eurer Seele führen und euch nähere Gedanken zu diesem Thema machen würdet.

Seht, ihr seid bereits so weit erwacht, dass ihr eure Eigenverantwortung zu bestimmten Themen ruhig übernehmen dürft. Ja, meine Lieben, so ist das. Und zur Eigenverantwortung gehört in unserem Falle auch, der eigenen Seele die Möglichkeit zu geben, ungeschminkte Wahrheiten über euch zu eurer bewussten Erkenntnis gelangen zu lassen.

Behauptet ihr nun, dass euch die Fähigkeit, mit eurer Seele sprechen zu können, noch fehlt, so sage ich euch, dass dies nur ein Vorwand ist. Denn eure Seele hat unendlich viele Möglichkeiten, sich bei euch „Gehör" zu verschaffen. Manchmal geschieht dies durch andere Menschen oder auch öfter mal in Träumen, die ohnedies immer gern von der Seele kreiert und für Botschaften genutzt werden. Doch in Träumen wählt sie dazu meist Spiegelbilder eurer selbst, die das Gesicht von Menschenwesen haben, die euch auf der Erde bekannt sind.

Da die meisten von euch immer noch nach Perfektion in ihren Übungen streben, möchte ich euch doch auch darauf hinweisen, dass außerdem noch sehr Vieles, was euch ebenfalls hindert, die Liebe mit einzubeziehen und frei fließen zu lassen, sowie eine tiefe Freude über die selbstgestellte Aufgabe zu empfinden, aufzulösen ist. Und bei dem Wort „Auflösung" bezüglich der Hindernisse, die ihr euch selbst aufgebaut habt, kommen viele von euch an Grenzen, die sie zurückschrecken lassen. Kurz gesagt, die meisten von euch weigern sich, genau hinzuschauen, worin das Hindernis besteht, und ganz besonders gern seht ihr hierzu in den Spiegel, den euch eure lieben Mitmenschen immer wieder hinhalten. So könnt ihr immer wieder Schuldzuweisungen aussprechen, die euch innerlich jedoch sehr unsicher zurücklassen. Denn ihr spürt sehr wohl, worum es geht, meine Lieben. Und da ihr bereits dahingehende Erfahrungen aus anderen Leben besitzt, dürfte euch auch hierzu ein inneres Gefühl bestätigen, dass dem so ist.

So geht das Spiel so lange weiter, wie ihr glaubt, noch das eine oder andere erreichen zu müssen, bevor ihr überhaupt daran denken könnt, den Aufstieg beginnen oder weiter verfolgen zu können.

Und jetzt höre ich viele von euch schon ausrufen: „Das kann doch gar nicht sein, lieber Serapis Bey! O je, ich wollte doch nie wieder als Mensch inkarnieren; bitte nur noch in Gottes Arme sinken dürfen. Ich bin all das auf der Erde so leid. Es dauert so lange. Ich glaube, das schaffe ich nie!" Und weitere ähnliche Ausrufe erklingen.

Doch, meine Lieben, ihr selbst seid es, die sich daran hindern, den so sehr ersehnten Weg weiterzugehen. Auch wenn euch meine vorhergehenden Worte unangenehm berührt haben sollten und ihr sie kaum glauben mögt, gesteht euch bitte ein, dass es manchmal durchaus notwendig ist, Dinge klar auszusprechen, euch ein wenig zu rütteln, damit ihr wieder einen Schritt weiterkommen könnt. Hier wird der freie Wille des Menschen trotzdem geachtet, und so möchte ich euch auch sagen, dass ich euch sehr gut verstehe und tiefes Mitgefühl für diejenigen empfinde, die noch Probleme damit haben, sich selbst ehrlich ins Gesicht schauen zu können. Dass ich euch mit Klarheit begegne, gehört ebenfalls zu meinen

Aufgaben auf dem Weißen Strahl und somit auch oft das Rütteln, damit ihr wacher und wacher werdet, so dies euer Lebensplan vorsieht.

Und weil einigen von euch all das „Üben“ und „Wiederinkarnieren“ und auch das „Rütteln“ so mühselig scheint, beschließen sie häufiger, als es uns lieb ist, ihre Zeit auf der Erde vorschnell zu beenden, weil sie als Menschen glauben, dass damit dann alles vorüber sei. Und einigen von ihnen gelingt dies auch, doch auch das hat wirklich zur Folge, dass sie es noch einmal versuchen dürfen. Also überlegt euch, die es angeht, gut, was ihr tut und ob ein Selbstmord wirklich die lohnende Lösung ist, es sei denn, dass es zu eurem Lebensziel dazugehört. Das ist jedoch höchst selten der Fall, denn wichtiger ist es, eine irdische Lösung zu finden, die hilft, dem Selbstmord dadurch zu entgehen. Ich möchte an dieser Stelle wieder einmal daran erinnern, dass ihr auch auf der Erde seid, um Gefühle bis in ihre tiefsten Tiefen spüren zu können.

Habe ich einigen von euch jetzt Angst gemacht? Das ist schade, denn ich habe euch lediglich mit Klarheit einige eurer Worte wiedergegeben und euch die Konsequenzen aufgezeigt, die ein vorschnelles Ableben, jedoch auch Weigerungen, sich in den Disziplinen zu üben, zur Folge haben. Zu meiner Aufgabe gehört eben auch, dass ich euch immer wieder mit der Klarheit in allem, was euch betrifft, konfrontiere, wie gesagt, wenn ihr euch dies in eurem Lebensplan so vorgenommen habt.

Klarheit in den Gedanken zu besitzen, in den Vorstellungen und in der Sprache, im Herzen und im Geiste, bedeutet, sich auch die Konsequenzen aller Taten und Gedanken klar zu machen. Dazu gehört vielfach Mut, den fast alle von euch zwar in starkem Maße besitzen, doch häufig ungenutzt lassen. Mut zu besitzen und ihn auch zu nutzen, ist ein Vorteil, denn Mut wiederum, der aufrechterhalten wird, verhilft dazu, auszuharren. Das alles hört sich für einige von euch wohl wenig vielversprechend an oder?

Ach, ihr Lieben, ihr seid ein wenig blauäugig in die Welt hinuntergereist. Es war doch abzusehen, dass die neue Zeit erst langsam wachsen kann. Und ihr alle wusstet doch auch, dass ihr dabei helfen und eure Gedanken zur Hilfe anbieten wolltet. Doch helfen können doch nur reine, klare Gedanken, die dann auch eure Taten bestimmen. Und warum geben wir denn all die wunderschönen Botschaften zuhauf durch, doch damit die neue Zeit schnellstmöglich erreicht werden kann! Wir geistigen Lichtwesenheiten arbeiten diesbezüglich wirklich auf Hochtouren, und wir sind glücklich, dass sich auch einige unserer Kanäle unserem Rhythmus der Schnelligkeit anpassen, doch wir achten darauf, dass immer die Lebensumstände des einzelnen Kanals berücksichtigt werden, und so passen wiederum auch wir uns an.

Wenn ich von hier aus sehe, welche Ängste noch in euch wüten, so ist mir durchaus klar, dass ihr jetzt weitere Hilfe zur Auflösung angeboten haben solltet. Und ich biete euch meine Hilfe an. Ich tue dies immer wieder. Bitte sprecht mich auch immer wieder an. So macht ihr euch selbst klar, dass ihr meine Hilfe auch tatsächlich annehmen wollt, und ganz nebenbei wächst dadurch mein Energiefeld und eures ebenfalls.

Euch ist ja auch sicherlich allen bekannt, dass jeder Gedanke, jedes Wort ebenso Energie ist wie jede Tat. Und Gedachtes oder auch Gesprochenes, das in guter Absicht zu einer bestimmten Wesenheit gelenkt wird, vergrößert die Stärke des Wesens und fließt wiederum zu dem Sender zurück und vergrößert, wie bereits gesagt, dessen Energiefeld und versorgt diesen Menschen mit weiterer Kraft, die er nun unterschiedlich nutzen kann, eben so, wie es ihm notwendig erscheint. Denn sind eure Gedanken von liebevoller Qualität, so könnt ihr euch sicherlich vorstellen, dass diese reine Energie auch eine riesige Kraft besitzt und uns gemeinsam wachsen lässt.

Was in diesem Falle auf mich zutrifft, wird selbstverständlich auch allen anderen Geistwesen zuteil, solltet ihr sie ansprechen. So wird die Quantität des Lichtes auch auf der Erde immer größer, und wir alle kommen unserem Ziel wieder ein Stückchen näher. Auch das gehört zur Licht- und Heilarbeit der Menschen dazu.

Wie bringe ich euch nun Unterstützung? Und was hat das wiederum mit dem Weißen Strahl und meinen Aufgaben dort zu tun?

Gleich zu Beginn dieses Kapitels habe ich euch mit Ängsten konfrontiert, die bisher viele von euch auch mir gegenüber gehegt haben. Denn ich habe euch durch die Blume mit karmischen Verstrickungen konfrontiert, die immer noch so vielen Menschen Angst und Schrecken einjagen. Hinzu kommt, dass ich euch mit den Disziplinen des Weißen Strahls in Berührung gebracht habe. Somit scheint mein Wunsch, dass ihr mich lieben werdet, zunächst nur immer noch ein Wunsch meinerseits zu bleiben.

Doch eines habe ich bisher bereits jedenfalls erreicht: Ihr habt meine Worte aufgenommen, und ihr habt auch meine ehrliche Absicht erkannt. Dies ist ein erstrebenswerter Anfang, finde ich. Ich bin mir dessen bewusst, dass ich, um eure Liebe zu mir wiederzuerwecken und stabil gestalten zu helfen, noch einiges mehr von mir preiszugeben habe. Ich sage euch, das ist mir eine große Freude.

Und so sei es.

Ich spreche euch jetzt einmal alle an, gleich welcher Strahl von euch ausgesucht wurde, um euch in seinen Fähigkeiten zu üben. Vielleicht seid ihr ja bereit, euch auch in den Disziplinen, die zu meinem Strahl gehören, mit mir gemeinsam zu üben.

Um überhaupt üben zu können, müssen dazu Möglichkeiten, Gelegenheiten geschaffen werden. Diese zu gestalten, gehört auch zu meinen Aufgaben auf dem Weißen Strahl. Ich beobachte sehr genau, wohin euer Weg euch gerade führt, und sehe, welches

Thema im jeweiligen Moment von euch bearbeitet werden möchte. Zum besseren Verständnis gebe ich hier jetzt einige Beispiele.

Zunächst wende ich mich dem Thema Disziplin zu.

Eure Vorstellung von dem, was euch das Wort suggeriert, ist mit sehr viel Härte gegen euch selbst getränkt. Die Jahrhunderte hindurch seid ihr immer wieder in Rollen eingestiegen, die von euch Härte und Disziplinausübung verlangt haben. So habt ihr euch selbst mit der Zeit immer stärker in diese Richtung programmiert, um dann eines Tages im Jenseits entsetzt festzustellen, dass euch diese Form der Disziplin immer wieder in neue Rollen mit der gleichen Struktur gedrängt hat, in denen weiter geübt werden konnte. Wie dies von hier aus betrachtet und gesteuert wird, erzähle ich euch gleich.

Meist handelte es sich um Rollen, die euch in führende Positionen erhoben haben. Zum Beispiel können dies Heerführer, Kaiser und Könige gewesen sein. Doch auch andere diesbezügliche Rollen wurden von euch gespielt, deren Findung ich eurer Phantasie überlasse. Doch an eine Rolle möchte ich euch erinnern, die heftige Brandmarkungen in Bezug auf die Disziplin in euch hinterlassen hat. Ich spreche von den früheren Priesterrollen.

Wer selbst einmal in seiner eigenen Erinnerung nachgeschaut hat, dürfte auch die Härte, die viele Priesterrollen mit sich brachten, noch jetzt mit starker Wirkung und sehr großer Angst empfunden haben.

Das hat damit zu tun, dass ihr in diesen Rollen wirklich hart zu euch selbst gewesen seid. Priesterrollen haben eine ganz besondere Bedeutung, lebt ihr doch in diesen die Vertretung der göttlichen Seiten, wenn auch nach menschlichen Vorstellungen. Es spielt dabei kaum eine Rolle, welcher Religion ihr angehört habt. Und wenn ein Vertreter der göttlichen Seiten Disziplin und Härte sich selbst gegenüber lebt, so entsteht doch der allgemeine menschliche Glaube, auch Gott verhalte sich so. Und da ich auf der anderen Seite auf euch warte, um mit euch zu schauen, was ihr in dem jeweiligen Leben erreicht habt, weil ich außer dem Dienst am Weißen Strahl auch für die Karma-Bewältigung zuständig bin, so habt ihr immer wieder geglaubt, dass ich mich ebenso der Härte und der Disziplin unterworfen habe wie ihr auf der Erde.

Seht doch zur Bestätigung meiner Worte in einige Bücher, wo einiges zum Weißen Strahl gesagt wird. Immer wieder sehe ich, dass die Vorstellung des Menschen, in diesem Falle des Kanals, der noch energetisch an die erwähnten Priesterrollen gebunden ist, Disziplin sei nur mit Härte sich selbst gegenüber zu erreichen, auch in die Übermittlungen einfließt. Es wird zwar erwähnt, dass alles mit Liebe geschieht, doch, meine Lieben, wie kann Härte dem Menschen zeigen, dass sie im ursprünglichen Sinn vielleicht doch Liebe sein könnte? Das menschliche Verständnis von Härte zeigt etwas völlig anderes.

Doch auch ihr, meine Lieben, die dies angeht, werdet lernen, dass es andere Möglichkeiten gibt,

Disziplin zu leben. Und ich sende euch während der Übermittlungen unentwegt Liebe, damit ihr doch erkennen möget, dass es möglich ist, Weichheit in diese Struktur zu bringen. Doch solange der Kanal selbst dem Glauben erlegen ist, zur Disziplin gehöre Härte, solange wird er auch kaum verstehen können, welche anderen Möglichkeiten, sie zu erfahren, ebenfalls gegeben sind.

Da ich euch ja Beispiele geben wollte, nehmen wir jetzt einmal an, ein Verstorbener, der in seinem letzten Leben auf dem Weißen Strahl zur Erde gereist war, wollte sich mit der Bandbreite aller Möglichkeiten, Disziplin zu erfahren und dem, was dadurch geschehen kann, auseinandersetzen, kommt mit einem solchen Glauben bezüglich meiner Wesenheit hier an. Was denkt ihr, wie kommen wir zusammen? Denn wer auf dieser Ebene mit mir zu tun hat, erfährt mich völlig anders, als er ja im menschlichen Körper gedacht hatte. Nun, ich kann euch versichern, dass auch der Härteste von euch mit mir zusammenkommt, weil meine Liebesschwingungen auf dieser Ebene jegliche Härte auflösen können, und zwar so weit, dass euer innerer Wesenskern wieder die Oberhand gewinnt.

Doch ich möchte an dieser Stelle noch erwähnen, dass nur Wesen zu mir geführt werden, die an ihrem direkten Aufstieg weiterarbeiten wollen. Ich erwähne dies, weil euch sehr viele Orte zum Üben verschiedener Erfahrungsmöglichkeiten auch auf dieser Seite des Schleiers zur Verfügung stehen und ihr vielleicht glaubt, dass alle Wesen nach ihrem Tod auch bereit sind, an ihrem Aufstieg in direkter Weise zu arbeiten. Die Wirklichkeit sieht vor, dass jeder Aspekt sich so lange in unterschiedlichster Weise an allen möglichen Orten tummeln kann, wie es ihm beliebt. Hier ist wieder das erste Gebot maßgebend, dass eben jedes Wesen einen freien Willen besitzt, den es so einsetzen darf, wie es ihm gefällt.

Wie läuft nun ein Gespräch zwischen euch und mir in etwa ab, sobald ihr mir gegenübersteht und eurem Wesenskern wieder erlaubt, mit mir in Kommunikation zu treten? Da wir hier die Disziplin behandeln, stelle ich ein Gespräch diesbezüglich vor. Ich erkläre euch immer wieder, dass Disziplin mit Freude kombiniert werden möchte, um zum Ziel zu führen, um verstanden zu sein. Doch ihr seid gerne dickköpfig und wollt mir beweisen, dass es auch anders geht, und vor allen Dingen wollt ihr euch selbst beweisen, dass ihr in der Lage seid, dies auf der irdischen Ebene allein zu erfahren. Ihr wollt den Aha-Effekt in euch spüren. Wir führen hier heiße Diskussionen, die jedoch in Liebe geführt werden, und ich freue mich über eure Dickköpfigkeit. Unsere Diskussionen enden dann damit, dass ihr euch weitere Rollen aussucht, in denen ihr dann weiter üben wollt. Nun gut, so sei es. Und wer bin ich, euch dies verweigern zu wollen?

Und einige von euch haben es auch tatsächlich geschafft, Disziplin mit Freude zu verbinden, und den

Aha-Effekt gespürt, und so verbleibt denen, die sich noch weiter in dem alten Schema bewegen wollen, dies auch weiterhin zu tun oder die Hoffnung, dass sie selbst auf der Erde den Aha-Effekt auch erleben können, es also doch zu schaffen ist. Denn meine Aufgabe besteht in diesem Fall darin, diesen Menschen immer wieder Begegnungen mit denjenigen zu ermöglichen, die es geschafft haben. Und hier arbeite ich ebenfalls für den Weißen Strahl, doch auch für die Aufgabe, die ich bezüglich der Karma-Auflösung zu erfüllen habe.

Meine Lieben, es lohnt sich wirklich, auch einmal auszuprobieren, Disziplin mit Freude zu kombinieren. Sie mit Freude zu leben, ohne Härte gegen sich selbst. Das ist ja überhaupt etwas, was ihr alle am Schluss eurer irdischen Reisen erfahren möchtet, zur Liebe zurückzukehren, vor allen Dingen zur Liebe euch selbst und somit auch allen anderen Wesen gegenüber. Und das ist genau das, was euch die Neue Zeit verspricht.

Und so sei es.

Es gibt Menschen bei euch, die wirklich ihr ganzes Leben einer so harten Disziplin unterworfen haben, dass ihnen die Freude im Leben vollkommen fremd ist. Ihr Glaube, alles Mögliche tun zu *müssen*, um ihr Lebensziel zu erreichen oder um der Gesellschaft zu dienen, ist oft ein gutes Mittel für sie, die Freude aus ihrem Leben in Arbeitslast zu verwandeln, und dazu gehört dann auch oft die Verweigerung der Lebensfreude. In etwas abgeschwächter Form ist dies den meisten Menschen bekannt. Doch daraus entwickeln sich oft Krankheiten, wie zum Beispiel Depressionen oder auch der sich immer mehr verbreitende Krebs, die mittlerweile Dimensionen angenommen haben, dass sie mit irdischen Möglichkeiten fast unheilbar scheinen.

Die Unkenntnis der Menschen, die sich in ihrem Leben der Härte gebeugt haben, darüber, dem, was die Freude am und im Leben dem Herzen und dem gesamten Körpersystem schenken kann, lässt sie anderen Menschen gegenüber, die Freude leben wollen, noch härter auftreten. Und einige von ihnen haben es bis an die Spitze eurer Gesellschaft geschafft und sind schließlich zu Diktatoren und sehr unangenehmen Vorgesetzten für die Menschen in ihrer Umgebung geworden. Auch innerhalb der meisten Familien findet ihr ähnliche Situationen. Es wird von mindestens einem Erzieher versucht, mit allen erdenklichen Mitteln Disziplin von den Kindern einzufordern, und oft sogar mit körperlicher Gewalt. Es hat inzwischen dramatische Ausmaße angenommen, und die Folge davon ist, dass der Frieden in der Welt verzögert wird.

Versteht ihr jetzt, dass ich so viel Wert darauf lege, euch darauf aufmerksam zu machen, Freude in euer Leben einkehren zu lassen? Es ist Zeit, euch die Augen über die Härtestrukturen, die ihr euch selbst auferlegt habt, zu öffnen. Also überdenkt doch noch einmal, ob Disziplin wirklich mit Härte gelebt werden sollte.

Ich könnte all das, was ich als Gegenwart geschildert habe, auch in die Vergangenheit setzen, denn es traf ja ebenfalls auf bereits Verstorbene zu. Und Familienmitglieder, die ihre Ahnen sehr verehren, weil sie es „zu etwas gebracht haben", wiederholen gern deren Strukturen und leben sie weiter, und zwar immer heftiger. Und diese Heftigkeit wird häufig auch durch Morde ausgelebt, die im Laufe der Zeit immer häufiger verübt wurden. Ein Mord geschieht in diesem Falle dann, wenn der Mörder an der Grenze des Erträglichen angelangt ist. Auch bei spirituell hochentwickelten Menschen ist unterschwellig oft noch sehr viel Härte sich selbst gegenüber zu spüren, die sie zwangsläufig an andere Menschen weitergeben. Denn ihr könnt nur das weitergeben, was ihr selbst lebt. Ich bitte euch von Herzen, die Härtestruktur endlich anzusehen und zu erlösen.

Bezüglich der Reinheit möchte ich euch sagen, wer diese nur im Außen sucht, hat sich spirituell zu einseitig entwickelt. Wer diese mit strenger Disziplin ausübt, gegen sich und andere, hat sich ebenfalls einem Irrtum hingegeben und seine Entwicklung ist nur einseitig. Und wer nur seinen Geist bezüglich der Reinheit seiner Gedanken trainiert, unterliegt ebenfalls diesem Irrtum. Denn nur alles zusammen bedeutet, die Disziplin der Reinheit zu erlangen, sie in Liebe zu leben und so das Ziel erreicht zu haben.

Und wer Disziplin und Reinheit verstanden hat, gefühlt hat, welche Kraft sie besitzen, wenn sie mit reiner Liebe verbunden sind, der hat auch die Klarheit in allem, was er denkt und tut, und erwirkt ebenso die Stärke, die zum weiteren Aufstieg führt.

Soviel zu den Disziplinen des Weißen Strahls.. Dass es Tausende von Facetten gibt, diese zu leben, ist wohl jedem klar. Doch versucht nun auch einmal, Tausende von Facetten der Disziplin, kombiniert mit Freude, zu leben! Versucht, diese Facetten auch in Bezug auf andere Disziplinen zu leben, und ihr werdet wahrscheinlich mit Staunen feststellen, dass euer Leben leicht und wundervoll wird. Ihr seid nun so sehr bereit, die göttlichen Wunder der Freude in euer Leben eintreten zu lassen, dass ihr die diesbezüglichen Situationen nur noch so anzieht und so schließlich auch unsere Taten mit menschlichen Augen sehen könnt.

Was ich euch bisher zu meiner Arbeit auf dem Weißen Strahl mitgeteilt habe, wird in den nächsten Kapiteln noch genauer erklärt, und je mehr ihr von mir kennenlernt, umso gewisser werde ich doch noch meinen Wunsch von euch erfüllt bekommen, dass ihr mich lieben werdet. In diesem Glauben bin ich voller Liebe zu euch sehr diszipliniert.

Es heißt bei uns Engeln: „Menschen, lernt lachen und tanzen, sonst wissen wir Engel nur wenig mit euch anzufangen, denn ohne diese Freude versagt ihr euch uns.“

Mein innigster Wunsch ist es, dass ihr diesen Rat der Engel annehmen könnt.

So seid gesegnet, meine Lieben.

In tiefer Verehrung und Liebe zu euch bin ich immer euer Freund
Serapis Bey

Die Bedeutung der Aufstiegsflamme

Meine Lieben, jetzt möchte ich euch auch etwas über die Aufstiegsflamme erzählen.

Bleibt bitte ganz entspannt.

Die Aufstiegsflamme kann jederzeit von euch in Anspruch genommen werden, wenn ihr das Bedürfnis habt, euch mit ihr zu verbinden, selbst dann, wenn ihr euch noch unwürdig fühlen solltet. Mit diesem Gefühl werdet ihr, nachdem ihr alles gelesen habt, auch besser umgehen können und es zum Schluss dann endlich auch auflösen. Und hiermit sage ich, dass ihr dies auch tut, weder sage ich, dass ihr es tun könnt, denn das könnt ihr bereits jetzt, noch sage ich, in weiter Zukunft werdet ihr dazu bereit sein. Ihr tut dies wirklich am Ende dieses Buches, und dies voller Freude. So weiß ich, dass ich dann mein Ziel erreicht haben werde.

Ihr werdet mich lieben!!!

Und das könnt ihr, weil ihr schließlich alle beginnt, euch wieder selbst zu lieben. Dies ist Schritt eins, und der nächste Schritt ist der, mir eure Liebe zu schenken.

Einige von euch üben dies schon seit geraumer Zeit, was sie selbst betrifft und auch andere Wesenheiten, und manche mit wirklich großem Erfolg.

Doch auch diejenigen von euch, denen es noch schwerfällt, sich selbst zu vergeben und zu lieben, schaffen es zumindest, damit anzufangen sich selbst zu lieben.

So werdet ihr auch Schritt für Schritt anderen Menschen eure Liebe schenken können. Und das, was ihr tut, werden auch immer mehr Menschen tun, doch immer Schritt für Schritt und ohne jegliche Hast und Eile.

Ich kann das nur immer wieder betonen, denn viele von euch haben die Struktur der Ungeduld in ihrer jetzigen Inkarnation überaus gepflegt. Ihr lebt eben in einer hektischen Zeit und habt euch ihr anzupassen. Das denkt ihr im Allgemeinen. Und da ihr das auch immer wieder betont, so sagt ihr euch selbst damit jedes Mal, dass dies ohne euer Zutun und ohne eure Verantwortung so ist und kaum Hoffnung besteht, die Situation verändern zu können.

Ein solches Denken bewirkt, dass man sich selbst als Opfer sieht. Doch da jedes Opfer gleichzeitig auch Täter ist, wäre es doch vielleicht sinnvoll, einmal bewusst die Situation der Eile und Hektik in euch selbst zu erforschen und zu sehen, was ihr dazu beitragt, dass sie sich auch im Außen, in eurer Welt, immer mehr manifestieren kann. In dieser Hinsicht lastet ein enormer Druck auf den Menschen.

Jede Situation kann verändert werden, doch immer Schritt für Schritt. Und denkt ihr vielleicht, dass Situationen manchmal auch mit Gewalt beendet werden müssten, so ist dies nur eine kurzfristige Lösung. Damit ihr dies erkennen könnt, möchte ich euch an eure Kinder erinnern, die manchmal sehr schwer zu leiten sind und bei denen ihr dann gerne die Situation gewaltsam beendet, weil euch ganz einfach der Geduldsfaden reisst.

Doch dazu sage ich euch, solange die alten Gedankenmuster, die ja schließlich die Situation mit herbeigeführt haben, noch wirken, entsteht die vorherige Situation meist auch sehr schnell wieder neu.

Das, was ihr kurzfristig erreicht habt, scheint zwar ein Erfolg zu sein, doch auf diese Weise habt ihr wieder einen Weg geschaffen, auf dem Gewalt weiter wirken wird. Denn Gewalt ruft wieder Gewalt hervor. So ist dies bei den Menschen seit Anbeginn aller Zeiten gewesen. Und immer ging es darum, das zu erkennen und somit die Struktur der Gewalt zu verändern.

Um ihre Gewaltausbrüche zu rechtfertigen, sind Menschen sogar bereit, sich mit Tieren zu vergleichen oder mit der Natur und sich so mit ihnen auf eine Stufe zu stellen. Ihr sagt dann zum Beispiel: „Zum Leben gehört Gewalt dazu.“ Oder: „Die Natur zeigt uns doch, dass Gewalt dazu gehört, und die Tiere ebenfalls. Was ist so schlimm daran? Ich wurde schließlich auch geschlagen, und hat es mir geschadet? Nein!“ So dienen euch solche Rechtfertigungen dazu, eure Gewaltstrukturen weiter zu verfestigen.

Selbstverständlich ist in der Natur und bei den Tieren Gewalt und deren Auswirkungen zu beobachten.

Das war auch schon sehr früh in der Menschheitsgeschichte der Fall. Doch ist es heute noch notwendig, sich als Mensch mit dem Gebaren der Tiere und der Natur aus der Frühzeit zu rechtfertigen? Ist euer Bewusstsein denn immer noch auf dem Stand der damals lebenden Menschen?

Viele Menschen behaupten doch immer, dass sie höher entwickelte Wesen sind als Tiere und Pflanzen. Doch auch diese Menschen benutzen diese Rechtfertigungen noch, um ihre Gewalt zu entschuldigen. Es müsste ihnen doch auffallen.

Auf der einen Seite seid ihr geistig so weit entwickelt, und auf der anderen Seite denkt ihr noch so, wie es die Steinzeitmenschen taten. Und zu diesem Verhalten gehört auch, dass die heutigen Menschen an den Tieren und der Natur Raubbau treiben und sich auch noch vormachen, dies tun zu dürfen, weil sie eben höher entwickelte Wesen seien. Und sogar der alte Bibelspruch: „Macht euch die Erde untertan", wird zur Rechtfertigung herangezogen. Wo bleibt denn da die Eigenverantwortung? Und nachdem so viel Gewalt viel Schaden anrichtet, wundern sich die Verursacher schließlich auch noch, warum die Naturgewalten in so heftiger Form mit Gewalt antworten.

Und denkt ihr vielleicht, dass eine kleine Ohrfeige, die ihr euren Kindern gebt, ohne Schaden für sie bleibt, weil ihr vielleicht glaubt, an euch, die ihr von euren Eltern ebenso bestraft oder zur Raison gebracht wurdet, sei diese Handlung ohne weitere Folgen vorübergegangen, so weise ich euch darauf hin, dass hier genau das geschieht, was ich bereits gesagt habe. Gewalt ruft Gewalt hervor. Und wichtig zu verstehen, scheint mir auch, dass in einem solchen Falle das Kind Erfahrungen in Zurückweisung und Demütigung macht. Wollt ihr dies als Eltern wirklich? Ich meine, jeder von euch hat inzwischen genug diesbezügliche Erfahrungen gemacht, und darum schlagt doch jetzt bitte endlich die andere Richtung ein.

Nur ihr seid es, die die Welt verändern können!

Ich bitte euch, mir zu vergeben, dass ich euch auch hier wieder ein wenig rüttle, doch zum Thema *Aufstiegsflamme* gehört alles, was ihr auf der Erde tut, dazu. Und da ich im Buch viele Menschen anspreche weil sie eben höher entwickelte Wesen seien, die sich noch mit Strukturen belasten, die dafür sorgen, dass alles in ihrer Umgebung in niedrige Schwingungen gerät, und sich dann den Strukturen immer wieder unterordnen, so sehe ich mich dazu aufgerufen, euch anzuleiten, auch der Gewalt, die auf eurem Planeten herrscht, in die Augen zu sehen, zu schauen, inwiefern ihr selbst dazu beitragt, denn das tut ihr bislang immer noch in der einen oder anderen Weise.

Es gab zwar immer wieder einzelne Menschen, die darauf aufmerksam gemacht haben. Doch dies scheint insofern zunächst vergeblich gewesen zu sein, als sich auch noch außerirdische Wesenheiten unseres Universums, durch menschliche Gewaltstrukturen angezogen, unter euch mischten und diese mit ihren eigenen verbunden haben, sodass die Gewaltbereitschaft dadurch noch weiter angestiegen ist.

Hier könnte ich jetzt wieder auf die Erfahrungswünsche jedes einzelnen Wesens hinweisen. Doch jedes einzelne Wesen ist auch mit dem Wissen ausgestattet, dass es in seiner Inkarnation als Mensch Wege zu suchen hat, die Gewalt in seiner Umgebung ein für alle Mal in Frieden umzuwandeln. Das Wissen darum steigt manchmal ins menschliche Bewusstsein auf, und ihr erinnert euch dann auch hin und wieder an die Prediger der Liebe, und somit war deren Leben weder ohne Nachklang noch bedeutungslos. Auch sie haben mit ihrer Bewusstmachung schließlich doch Erfolg gehabt.

Vielleicht könnt ihr ja ein wenig Disziplin in die Umwandlung der Ungeduld in Geduld und der Gewalt in Frieden einbringen, und das mit einer tiefen Freude, die schließlich auch wieder hilft, mehr Bewusstheit zu erlangen.

Die Aufstiegsflamme befindet sich immer noch im feinstofflichen Bereich über Luxor in Ägypten in einem feinstofflichen Lichttempel. In diesen werde ich euch, wenn ihr dem zustimmt, in einer Meditation im Anschluss an dieses Kapitel einladen.

Über die Aufstiegsflamme wird berichtet, dass ich diese mit einigen Priestern aus Atlantis (ich selbst war zu dieser Zeit ebenfalls Priester dort) im letzten Moment nach Ägypten gebracht und sie so buchstäblich auch im letzten Moment gerettet habe. Das ist eine wunderschöne Vorstellung. Doch ist sie eine von Menschen gemachte Geschichte, die ein wenig Spannung mit sich bringt, weil sie die Umstände der damaligen Zeit noch mehr zu dramatisieren scheint.

Um dies ein wenig zu harmonisieren und der wirklich geschehenen Geschichte wieder ans Licht zu verhelfen, erzähle ich euch nun zunächst, wie die Flamme tatsächlich nach Ägypten gelangt ist und was ich dazu beigetragen habe. Danach werde ich euch noch einiges zur Bedeutung dieser Flamme sagen damit ihr auch wisst, wie diese eingesetzt werden kann und wie sie wirkt.

So öffnet euch jetzt bitte für das, was ich euch nun erzähle, meine Lieben, entspannt euch bitte und lasst die Widerstände, die bei einigen von euch hochkommen werden, bitte wirken. Sie verhelfen euch dazu, freier zu werden, denn sie werden sich im Laufe des Kapitels beim Lesen auflösen. Und ich darf euch sagen, dass mir dies eine große Freude ist.

Ich habe euch bereits vom großen Kristallsaal auf Lemuria erzählt. Hier entstanden auch die Kristallschädel, in denen das gesamte Wissen, welches in der damaligen Zeit erworben wurde, gespeichert ist. Als die große Reise nach Atlantis begann, haben einige Wissende die Kristallschädel mitgenommen. Da diese mit Kristallen und einigen anderen sehr wichtigen Forschungsgeräten, die auf der Erde erst viel später bekannt wurden, nach Atlantis transportiert wurden, und da diese Utensilien zu den Geheimnissen der Wissenden gehörten, die von den einfachen Lemuriern geachtet wurden und somit unbehelligt blieben, konnten sie auch weiterhin geheim bleiben. Dadurch konnten sie den Forschungsteams mit ihrer ganzen Kraft dienen. Das bedeutet, dass die Gerätschaften, ohne mit niedrigeren Schwingungen in Berührung gekommen zu sein, ihre volle, reine Kraft entwickeln konnten.

Die Forschungen betrafen in der ersten Zeit auf Atlantis fast ausschließlich den geistigen Bereich, denn die Wissenschaftler arbeiteten zunächst genauso, wie sie es auf Lemuria getan hatten.

Bedenkt bitte, dass die Lemurier feinstofflicher waren als die Atlanter, zu denen sie ja dadurch wurden, dass sie sich in niedrigeren Schwingungsebenen manifestieren mussten. Doch im Vergleich zu den damaligen anderen Menschen waren auch die Atlanter noch viel feinstofflicher, jedoch sichtbar für die Menschen.

Die ursprünglichen Kristallschädel wirkten damals im geistigen Bereich. Sie sind bisher auch nur in diesem zu erkennen gewesen. Im Laufe der irdischen Zeit sind Nachbildungen entstanden, die von Menschen auch als irdische, manifestierte Gebilde gesehen werden können. Sie wirken jedoch mit einer sehr starken Kraft, obwohl die geistigen Väter nur einen geringen Teil ihrer Kraft und ihres Wissens an die Nachbildungen weitergegeben haben. Teilweise stammen die nachgearbeiteten Schädel aus alten, bereits vergangenen Epochen eurer irdischen Zeit, und die ersten von ihnen wurden auf Atlantis gefertigt.

Nun ist es so, dass einige der Nachbildungen der Kristallschädel im irdischen Bereich entdeckt worden sind und jetzt auf der Erde in ihrer zwar verminderten, jedoch trotzdem reinen Kraft wirken können. Die Menschen, die mit ihnen arbeiten, erfahren die immer noch starke Kraft, und indem sie mit dieser reinen Kraft arbeiten, erhöhen sie die Schwingungen auf der Erde sehr stark, und dafür danken wir geistigen Wesen ihnen sehr.

Kristallschädel gehören zum Weißen Strahl und zur Aufstiegsflamme. Sie waren für eine lange Zeit im feinstofflichen Lichttempel über Luxor gemeinsam mit der Aufstiegsflamme beherbergt und wurden von Erzengel Gabriel und Hope, den Elohim Claire und Astrea, einigen Priestern, die sich hierzu verdingt haben, und mir gehütet.

Doch wie bei allem, was im feinstofflichen Bereich konstruiert wird und Gestalt annimmt, entwickelt sich daraus eine Wesenheit, die selbstständig denkt und handelt. Und so ist dies auch bei den Kristallschädeln geschehen.

Vor einiger Zeit haben sie begonnen, Menschen aufzusuchen, mit denen sie wieder gemeinsam arbeiten, ihnen ihr Wissen zur Verfügung stellen und so ihre endgültige Aufgabe erfüllen möchten, die darin besteht, dass sie ihr Wissen so lange hüten, bis sie den Menschen gefunden haben, der es mit reinen

Gedanken anwenden wird. Ihr dürft euch sicher sein, sollte euch einer dieser Schädel in einer Meditation oder im Traum begegnen und euch berühren, so erfahrt ihr eine sehr starke Kraft in eurem Kronenchakra, welches euch dann lichtdurchflutet scheint und eine wunderschöne Liebesschwingung zu euch bringt.

Als die Wesenheiten der Kristallschädel entstanden, wurde ihnen mit dem Wissen, welches in sie programmiert wurde, auch die Botschaft einprogrammiert, dass in der Neuen Zeit Menschen von ihnen aufgesucht werden sollten, die Reinheit in ihren Gedanken ausstrahlen, damit das Wissen wieder in dem ursprünglichen, reinen und liebevollen Sinn zum Wohle aller wirken kann, so wie es einst gedacht war. Die Kristallschädel sind wundervolle Wesenheiten und mit dem kosmischen Wissen direkt verbunden.

Ich kann euch nur anraten, offen für sie zu bleiben und bereit zu sein, mit ihnen zu arbeiten. Für die gesamte Entwicklung eures Planeten und eurer eigenen würde so ein gigantischer Sprung in höhere Dimensionen ermöglicht.

Wie transportiert man nun eine geistige Flamme von einem Ort zum anderen?

Die Aufstiegsflamme wurde symbolisch in einem Tempel auf Atlantis in einer großen, feuerfesten Schale von weiblichen und männlichen Priesterschülern gehütet. Sie wurde von denen, die sich diesem Dienst verpflichtet hatten, immer wieder sehr stark erhitzt, damit sie weiß glühend werden konnte. Um dies zu erreichen, wurden auch Weißmetalle verwendet, die der Flamme allmorgendlich beigemengt wurden.

Die Menschen, die den Tempel aufsuchten, hielten diese Flamme für die echte Aufstiegsflamme. Bereits zur atlantischen Zeit wurde sie in vielen Legenden gerühmt. Die Priester, die sie hüten und pflegen durften, wurden von den Menschen häufig als Halbgötter in Weiß betrachtet und sogar häufiger angebetet.

Die Hüter der Flamme waren immer weiß gekleidet, was auch symbolisch auf den weißen Strahl hinweisen sollte. Die Kleidung war jedoch mit goldfarbenen Borten verziert, und die goldenen Borten wiederum wiesen symbolisch auf den goldenen Strahl hin. Die Bedeutung der Strahlen war den damaligen Wissenden sehr wohl bekannt und sie gaben dieses Wissen nur an ausgesuchte Priester weiter, die bereits einige Disziplinen beherrschten. Es wurde sehr darauf geachtet, dass das diesbezügliche Wissen gehütet wurde.

Da die Menschen den Priestern so viel Verehrung entgegenbrachten, waren diese aufgefordert, mit der Verehrung so umzugehen, dass Hochmut und Stolz vermieden wurden. Sie haben hier die Gelegenheit erhalten, sich auch in dieser Form in den Disziplinen des weißen Strahls zu üben, nämlich den Strukturen des Hochmuts und des Stolzes Liebe und Verständnis entgegenzusetzen und schließlich ausschließlich diese zu leben. So half auch die Kraft der sichtbaren

Aufstiegsflamme vielen Menschen der damaligen Zeit bei ihrer spirituellen Entwicklung.

Die wirkliche Aufstiegsflamme ist jedoch ein geistiges Gebilde. Und da ich damals schon ihr Hüter, ebenso wie der Hüter des Weißen Strahls war, hatte sie in meinem geistigen Bereich ihren Platz. Ein „Nahezumensch", der diese Flamme in sich tragen konnte, musste schon sehr rein in seinen Gedanken sein. Dies war ich zu der damaligen Zeit bereits. Ich war als Aufgestiegener Meister-Engel zu den Atlantern gekommen, spielte dort eine Hohepriester-Rolle und war gerufen worden, um den Menschen, die ihre Lebensaufgabe im Aufstieg sahen, dabei zu helfen. Wie die Geschichte diesbezüglich ausging, wisst ihr nun bereits wieder.

Vor dem Untergang haben einige meiner Schüler und Schülerinnen, alles Wesen, die auf dem Weißen Strahl gereist waren, und ich beschlossen, die Kristallschädel in ein anderes Land zu transportieren, an einen Ort, der vom großen Beben verschont bleiben würde.

Es war an der Zeit, im feinstofflichen Bereich in Erdnähe eine Stätte zu errichten, in der sowohl die geistigen Kristallschädel unbehelligt auf ihren Einsatz warten konnten als auch die Aufstiegsflamme. Und an diesem Ort wollten wir Wissenden in unserem feinstofflichen Körper das Wissen und die Wesenheiten der Schädel und der Flamme hüten.

Der von uns ausgesuchte Ort war und ist bis heute noch immer Luxor in Ägypten am Nil. Dieser Ort lag weit entfernt vom Atlantik, obwohl auch dort in den Wassern des Nils Auswirkungen des Untergangs von Atlantis zu spüren waren, die zu Überschwemmungen geführt haben. Doch da der Nil in jedem Jahr von Überschwemmungen heimgesucht wurde, so fiel die Ursache für diese Überschwemmung kaum auf.

Der Platz war von uns ausgesucht worden, weil wir auch als die Menschen, die wir ja immer noch waren, von dort aus im menschlichen Wirkungskreis mehr ausrichten konnten als im feinstofflichen Bereich, denn dort gab es geweihte Plätze, die sehr hoch schwangen, und wir fanden dort sehr viele gleichgesinnte Menschen, die dem Weißen Strahl ebenso dienten wie wir. Ihr alle wisst ja sicherlich, dass geballte Kraft der Gedanken mehr Auswirkungen hat als einzelne, die sich erst zusammen finden müssen.

Die echte Aufstiegsflamme befand sich in meinem Geiste, die symbolische Flamme überließen wir den anderen Priestern und Priesterinnen, die zurückbleiben wollten, jedoch in unseren Plan eingeweiht waren. Sie haben sich freiwillig für das Zurückbleiben entschieden und die symbolische Flamme bis zum Schluss voller Achtung und Liebe gehütet.

Beim Untergang wurde durch die Flamme sowohl der Tempel als auch andere Gebäude, die in Tempelnähe lagen und zu ihm gehörten, völlig ausgebrannt. Und es sind auch einige Menschen, die vom Untergang überrascht worden waren, von ihr verbrannt worden. Sie erlitten den Feuertod.

Was allein schon überaus tragisch ist, wurde jedoch umso tragischer, weil nun einige Priester und Priesterinnen, die mit mir gegangen waren, Schuldgefühle entwickelten und durch diese in tiefere Schwingungen gerieten. Wir alle wussten ja, was auf Atlantis geschehen würde, und hätten im Tempel die symbolische Flamme löschen können.

Und was im Nachhinein nun so aussieht, als hätten wir damals zum Schaden der Menschen gehandelt, die schließlich den Feuertod erlitten haben, so muss ich euch sagen, dass genau das geschah, was diese Menschen sich ausgesucht hatten.

Auch wenn es für einige von euch schwer verständlich ist, dass auch auf diese Weise zum Wohle für alle, die es sich so ausgesucht haben, gehandelt werden kann, so ist bei einem Feuertod eine ganz besondere Form des Übergangs möglich, und den wollten die betroffenen Menschen erfahren.

Wer durchs Feuer geht und dabei sein irdisches Leben beendet, der kommt auf der anderen Seite, im Jenseits, sofort geklärt und rein wieder heraus. Dies zu erleben, ist ein großartiges Gefühl. Denn so erlebt man, wie die irdische Schwere von einem abfällt und man sich plötzlich federleicht fühlt. Da viele Wesen dies wissen, wünschen sie sich immer wieder diese Form des Übergangs, und andere Menschen helfen ihnen dabei.

Doch nur selten bleibt es auch so. Die Schmerzen und die Panik, die eventuell eine Begleiterscheinung sein können, wenn der Mensch in seinem noch lebenden physischen Körper mit ihnen konfrontiert wird, haften ihm in seinen Gedanken auch weiterhin an, und meist holen ihn dazu auch die letzten menschlichen Gedanken, die er vor seinem Tod noch hatte, sehr schnell wieder ein.

Und darum gibt es eine Möglichkeit, die es erlaubt, doch schnell den reinen Zustand wieder zu erreichen, nämlich wenn der verstorbene Mensch sich bereit erklärt, alles loszulassen, was ihn noch an irdischen Gedanken zurückhält. Dafür wird ihm eine begrenzte Zeit zur Verfügung gestellt, und Erzengel Hope hat sich zur Aufgabe gemacht, ihm dabei zu helfen und schließlich alle zur Aufstiegsflamme zu begleiten, dort hineinzustellen und von ihr alles aufsaugen zu lassen, was der Verstorbene loslassen möchte. Ja, meine Lieben, durch den Feuertod könnt ihr sehr schnell zur Aufstiegsflamme kommen und den Aufstieg mit ganzer Kraft antreten.

Einige von meinen Schülern und Schülerinnen hielten trotz gegenteiliger Erklärungen an dem Bild fest, die Schuld am Tod der verbrannten Menschen zu tragen. Ihnen war zu wenig bewusst geworden, dass sie hier eine Prüfung zu bestehen hatten. Bei dieser Prüfung hatten sie ganz und gar den freien Willen anderer Menschen vergessen.

Ich gebe zu, dies war auch eine sehr schwere Prüfung für diese Menschen! Wenn man selbst als

Mensch, der man doch letztendlich noch ist, mit solchen Situationen konfrontiert wird, so glaubt man doch in seinem menschlichen Denken, dass immer Vorsicht zu walten hat, will man schlimmere Situationen vermeiden. Und erst recht dann, wenn man doch schon so weit entwickelt ist, dass man übersehen kann, was in Kürze passieren könnte, wenn.....!

In einem solchen Fall hilft nur vollkommenes Vertrauen in den göttlichen Plan. Was sich so leicht sagt, ist für den Menschen dennoch sehr schwer zu vollbringen. Dazu sind die menschlichen Strukturen auch heute noch zu wirkungsvoll.

Wer jedoch Priesterschüler des Weißen Strahls ist, wird sich auch immer wieder Situationen gegenübersehen, die er geschehen lassen muss, und dieses Geschehenlassen, ohne eingreifen zu dürfen, ist mit großem Herzschmerz verbunden. Dies ist bis heute so geblieben. Und einige von den spirituell erwachten Menschen sind mit ihrer damaligen Rolle als Priesterschüler noch so sehr verbunden, dass sie auch im jetzigen Leben unbewusst an diese Rolle gebunden sind, auch wenn sie Zusatzrollen spielen.

In den Momenten des starken Herzschmerzes schwört sich der Mensch, der ihn gerade spürt, gerne, um seinem Schmerz zumindest teilweise entgehen zu können, immer die Kontrolle behalten zu wollen. Im Moment der zu durchlebenden Situation fehlt ihm jedoch der Überblick, und es stellt sich automatisch das Gefühl ein, Schuld an der – für sein Verständnis – missglückten Situation zu tragen. Um dieser in Zukunft entgehen zu können, beginnt er schließlich, die Kontrolle über sein Leben wie auch das einiger anderer ihm anvertrauter Menschen zu übernehmen.

In der Zeit in Ägypten, in der wir gemeinsam den Lichttempel bauten, die Kristallschädel dort unterbrachten und schließlich die Aufstiegsflamme in der Mitte des Lichttempels installierten, hatte ich Mühe, die durch Schuldgefühle verursachten niedrigeren Schwingungen meiner Schüler in einer für unsere Arbeit notwendigen Schwingung zu halten. Ich habe dies mit viel Liebe erreicht, und ich habe auch diese Aufgabe geliebt. Bedenkt bitte, dass ich zu dieser Zeit wieder ein wenig Menschsein üben durfte; dies sei erwähnt, weil ich euch von meiner Mühe sprach.

Die Tragik der atlantischen Feuergeschichte ist jedoch, dass meine ehemaligen Schüler, die bereits so weit entwickelte Priester waren, bis zum heutigen Tag noch immer unter ihren Schuldgefühlen aus der damaligen Zeit leiden. Dadurch wiederum haben sie sich selbst in ihrer Entwicklung auf einen Niedrigststand zurückkatapultiert und durften noch einmal nahezu von vorn beginnen.

So laufen heute immer noch viele, viele Menschen mit Schuldgefühlen, sehr oft aus der atlantischen Zeit, aus unterschiedlichen Ursachen geboren und im Verborgenen wirkend, durch ihr Leben.

Ihr fragt euch jetzt vielleicht, wie ihr eurer eigenen diesbezüglichen Struktur auf die Spur kommen könnt oder ob ihr überhaupt davon betroffen seid?

Nun, es ist ganz einfach, wenn man weiß, wie man Strukturen auf die Spur kommt, und für die anderen Menschen, die noch ein wenig Übung bei der Selbsterkenntnis benötigen, weise ich euch jetzt auf ein menschliches Verhalten hin, dass Hinweise auf das, was ich euch gerade erzählt habe, gibt.

Wer sich hier wiedererkennt, der kann davon ausgehen, dass auch er in den Flammen umgekommen ist. Und solltet ihr in einer Rückschau bereits gesehen haben, dass ihr ertrunken seid, so sage ich euch, dass viele Atlanter, jedoch auch Besucher aus anderen Ländern, die sich zu dem Zeitpunkt des Unterganges auf Atlantis aufhielten, als lebendige Fackeln in die Fluten gestürzt sind. Denn viele sind in ihrer Not und Angst vor Zerstörung in den Tempel geflohen und haben sich so in ein weiteres Zentrum des großen Infernos begeben.

Und solltet ihr denken, dass doch so viele Menschen, die heute leben und die damals eine fast identische Erfahrung gemacht haben, die sie in Rückschauen angesehen haben, wohl kaum alle Priester im Tempel gewesen sein konnten, so sage ich euch, dass es durchaus so sein kann. Denn jede Wesenheit kann sich in viele Wesenheiten aufteilen, und so können einige Menschen, die sich jetzt als Einzelwesen erfahren, in der damaligen Zeit eine einzige Wesenheit gewesen sein. Doch die Erinnerung an bestimmte Vorfälle trägt jede feinstoffliche Zelle in sich, die zu euch gehört, auch wenn ihr euch als noch so viele Einzelwesen in späteren Inkarnationen aufteilt. Lest hierzu vielleicht auch einmal das Buch von Vywamus: *Die göttliche Seele.* (ch. falk-verlag, ISBN 978-3-89568-206-3)

Doch ich versprach euch ja, einige Verhaltensweisen offenzulegen, die euch die Möglichkeit geben, euch darin wiederfinden zu können. Die häufigsten Muster, auf die ich euch dazu hinweisen will und die vielen Menschen gemein sind, zeigen sich euch durch ein bestimmtes Gedankengut, dem unterschwellig Angst vorhergeht, die sich dann durch die nachfolgenden Gedanken weiter manifestieren kann.

Wenn ihr zum Beispiel aus dem Haus geht und schon ein Stückchen eures Weges zurückgelegt habt, könnte euch plötzlich ein Angstgefühl überfallen, mit dem Gedanken verbunden sind, dass ihr vergessen haben könntet, den Herd, das Bügeleisen, den Wasserkocher oder andere elektrische Geräte auszuschalten. Das gleiche Gefühl könnte sich in euch zeigen, wenn ihr plötzlich denkt, dass ihr es versäumt haben könntet, eine brennende Kerze oder auch eine Zigarette auszumachen. Unterschwellig kommt dann auch häufiger ein Gefühl auf, das euch im Bruchteil einer Sekunde suggeriert; es könnte daraus ein Feuer entstehen und alles, was ihr besitzt, könnte den Flammen zum Opfer fallen.

Ein anderes Muster erlebt ihr auch oft; ihr bekommt aus heiterem Himmel ein Gefühl, welches euch eingibt, dass ihr etwas sehr Wichtiges vergessen habt. Etwas so Wichtiges, dass durch das Versäumnis zu handeln eure Zukunft gefährdet sein könnte.

Stellt ihr zwischen eurem jetzigen Verhalten und der atlantischen Geschichte, die sich damals abgespielt hat, eine Verbindung her, so könnt ihr vielleicht erkennen, dass euch der jetzige Moment genau das in Erinnerung rufen möchte, was sich damals höchstwahrscheinlich mit euch und in eurer Umgebung abgespielt hat. Ihr könnt dies jetzt auch dem „Meister Zufall" zuschreiben, doch zum Thema Zufall weigere ich mich wirklich, noch etwas zu sagen.

Und geht ihr einmal in euch und vergleicht einige eurer immer wiederkehrenden Muster mit Erinnerungen aus eurer Kindheit oder frühen Jugendzeit, so erkennt ihr auch hier vielleicht, wie sehr das Unterbewusstsein daran interessiert zu sein scheint, euch an täglichen Beispielen zu zeigen, was in euren Tiefen verborgen liegt. Es liefert euch Beispiele oder auch Rätsel, deren Entschlüsselung meist euch selbst obliegt. So erfahrt ihr auch in Träumen einiges, was ihr selbst entschlüsseln dürft.

Und da wir gerade bei immer wiederkehrenden Mustern sind, sage ich euch, es gibt noch etwas, dem ihr Menschen oft zu wenig Bedeutung schenkt, und dies sind die immer *wiederkehrenden Gefühle* der Angst, sowie auch die immer *wiederkehrenden Situationen* in eurem jetzigen Leben, welche euch Hinweise auf versteckte Situationen geben wollen, die sich euch zwar in unterschiedlichen Bildern zeigen, jedoch immer denselben Hintergrund mit einer ursächlichen Bedeutung haben. Ihr dürft auch hier wieder das Analoggesetz erkennen: Wie außen, so innen.

Die Bedeutung der Aufstiegsflamme besteht darin, Wesen bereits während ihres Lebens oder nach ihrem Tod zu reinigen, zu klären und direkt auf den Weg zum Aufstieg zu bringen. Die Reinigung sollte in diesem Falle mit den vorgegebenen Disziplinen des Weißen Strahls übereinstimmen. Dies ist, wie ich schon an anderer Stelle sagte, Reinheit in den Gedanken zu erlangen, diese mit Liebe in die Welt hinaus zu senden, Klarheit im Geiste zu erreichen und Liebe zu allem, was ist, zu erlangen. Wer mit dem Weißen Strahl verbunden ist, wird diesbezüglich vielen, vielen Situationen in seiner Inkarnation gegenüberstehen. Diese gilt es immer wieder zu reinigen und Klarheit in sie zu bringen. Das geschieht durch Rückschauen, und damit verbunden durch Ursachenforschung bei sich selbst.

Wer nun die Aufstiegsflamme zu sich ruft, um gewisse Situationen, die ihm eventuell Schwierigkeiten bereiten, zu klären, der wird mir begegnen oder auch Erzengel Gabriel. Wir laden euch dann ein, die Aufstiegsflamme aufzusuchen, indem ihr euch in den Lichttempel nach Luxor begebt. Jede andere Flamme kommt zu euch, in euren Geist und in euren Körper, die Aufstiegsflamme jedoch wartet auf euch, zu ihr müsst ihr euch selbst auf den Weg machen – in einer Meditation, meine Lieben.

Und so erwarten wir euch hier voller Sehnsucht und Liebe. Kann ich nun sagen: bis bald?

In tiefer Liebe und Dankbarkeit
Serapis Bey

Meditation

Meine Lieben, ich freue mich, euch zu sehen, und hoffe, ihr seid auch bereit, mir zu folgen. Denn auch bei dieser Meditation bin ich an eurer Seite. An der anderen Seite steht und begleitet euch Erzengel Hope, die den wenigsten Menschen bekannt ist. Sie ist ein stilles Wesen, das lieber handelt als sich in Worten ergeht. Doch spürt einmal ihre klare Kraft und in ihre tiefe Liebe zu euch hinein. Bitte lasst euch Zeit dazu.

Ich spreche auch in dieser Meditation mit dir persönlich und bitte dich, auch für sie Zeit mitzubringen. Hervorragend würde die Abenddämmerung dazu passen. Und zusätzlich bitte ich dich, dir eine Situation aus deinem jetzigen Leben vorzustellen, die dir immer wieder begegnet und Schwierigkeiten bereitet.

Bist du nun bereit, so bitte ich dich, deine Meditationsrituale anzugehen, sie mit Bedacht und völlig konzentriert auszuüben.

> Beginne nun wieder zu atmen, ein und aus, immer tiefer ein- und auszuatmen und immer ruhiger zu werden. Hast du eine gewisse Ebene der Entspannung erreicht, beginnt sich ganz automatisch dein Drittes Auge zu öffnen, und es wird dort sehr hell. Sollte es anders sein, so hindert dich Angst, die Helligkeit ansehen zu können. Bitte in diesem Falle

Hope oder mich, dir Licht hinein zu geben. Und sei geduldig, denn deine Angst muss auch von uns respektiert werden. Und so ist es möglich, dass sie einige Zeit braucht, um sich wieder zurückzuziehen.

Wird es hell in deinem Dritten Auge, so stelle dir bitte einen Tunnel vor, den du nun in dem Wissen betrittst, dass du Hope und mir gleich gegenüberstehen wirst. Siehst du uns, oder nimmst uns zunächst als Licht wahr, so wisse, dass wir es sind, die sich jetzt an je eine deiner körperlichen Seiten begeben.

Wir gehen nun gemeinsam weiter, immer tiefer in den Tunnel hinein. Bleibe bitte auch weiterhin angstfrei. Spürst du sie trotzdem, so bitte wieder einen von uns, dir zu helfen, und das darfst du immer wieder tun, wenn dir dies Erleichterung bringt und dir hilft zu vertrauen.

Nachdem wir eine längere Strecke zurückgelegt haben, kommen wir zu einer Treppe aus Kristall, die sechs Stufen nach oben führt. Wir steigen hinauf und kommen wieder in einen Tunnel, der diesmal wie ein Kristalltunnel aussieht. Dieser Tunnel strahlt Wärme aus, die dir sehr angenehm ist. Erfährst du es anders, so ist wieder Angst im Spiel. Du weißt, was du in diesem Falle tun darfst. Bitte, tue es, denn du bist doch schon bis hierher gegangen.

Der Kristalltunnel endet über Luxor und gibt den Blick auf Luxor und den Lichttempel frei. Genieße diesen wunderschönen Anblick und sieh genau hin, wie der Tempel und die Umgebung für dich aussehen. Wisse, dass du schon mindestens einmal hier gewesen bist.

Zum Tempel führen sechzig Stufen hinauf, die wir nun gemeinsam hinaufsteigen.

Oben angekommen, öffne ich eine große Türe aus Kristall und bitte dich, in den Tempel einzutreten.

Wir gehen nun wieder einen langen Gang entlang, der ebenfalls aus Kristall scheint und weißlich beleuchtet ist. Alles um dich herum ist einfach und klar in seiner Form. Der Gang hat kleinere, eckige Einbuchtungen in den Wänden, in denen Engel mit Lichtfackeln stehen, die ebenso hell leuchten wie der ganze Gang.

Mittlerweile hast du das Gefühl bekommen, zu schweben. Genieße auch dieses Gefühl. Dann richte deine Aufmerksamkeit bitte auf die Kristalltüre, der du nun gegenüberstehst. Hinter ihr befindet sich ein Lichtraum, der an den Wänden Sitzbänke eingelassen hat, die mit weißen Seidenpolstern ausgestattet sind. Ich bitte dich, nachdem wir dort eingetreten sind, auf einer Bank Platz zu nehmen und die Atmosphäre auf dich wirken zu lassen.

Nach einiger Zeit spürst du eine starke Hitze, die dich zu umschließen beginnt.

Du erinnerst dich nun an die Situation, die du dir zu Beginn der Meditation vorgestellt hast und die du gereinigt haben möchtest.

Indem du noch an den Bildern der Situation arbeitest, siehst du dir gegenüber plötzlich eine weiß züngelnde Flamme, die sich zu einer weiß züngelnden Gestalt von großer Schönheit entwickelt, die Güte und reine Erhabenheit ausstrahlt. Bitte genieße auch ihren Anblick. Wenn du kannst, versenke dich in ihre Schönheit und Güte. Die Gestalt ist rein und klar, wie auch alles, was sich um sie herum zu bilden beginnt.

Jetzt frage ich dich, ob du das, was du gereinigt haben möchtest, wirklich gereinigt haben möchtest, in dem Wissen, dass du Klarheit durch diese Reinigung erlangst.

Du darfst dir für deine Antwort Zeit nehmen. Doch überdenke die Situation, bevor du ja sagst, und wisse, dass sie ausschließlich für dich und deine weitere Entwicklung gereinigt wird. Die Folge ist, dass du eine klare Sicht bezüglich ihrer Geschichte und einige Antworten zu ihr erhältst, die dir nun sehr bewusst bleiben.

Mit dieser Bewusstheit kannst du nun immer wieder die Situation meistern, wenn sie dir auch weiterhin begegnen sollte. Doch wisse, dass sie sich für dich mehr und mehr entfernt, so lange, bis du sie als für dich aufgelöst betrachten kannst.

Und so darfst du nun mit allem verfahren, was dir Schwierigkeiten bereitet.

Manchmal ist es einfacher, andere, und ganz besonders die goldene Flamme für diese Aufgabe anzurufen. Doch hierzu möchte ich dich wissen lassen, dass der Mensch in seiner Entwicklung immer weiter gehen sollte, und dazu gehört in der jetzigen Zeit auch, dass er selbst an der Auflösung arbeitet, statt dies den Flammen zu überlassen. Das, was du dazutun kannst, dir Erleichterung zu verschaffen, solltest du auch selbst tun.

Es ist schon ein großes Privileg, dass die Aufstiegsflamme bereit ist, dir jetzt beizustehen und dir so zu ermöglichen, dass du zum einen immer selbstbewusster wirst und zum anderen immer selbstverantwortlicher handeln kannst. Denn zuvor wurden nur diejenigen verstorbenen Wesen zu ihr vorgelassen, die in ihrer letzten Inkarnation eine große Kraft der Reinheit entwickelt hatten.

Erkenne dich von nun an selbst. Erkenne, dass du alle Situationen selbst erschaffst, und wenn du dies wirklich erkannt hast, so kannst du sie auch selbst beenden, zunächst mit Hilfe, später dann allein. Und so schreitest du auf deinem Meisterweg geradewegs und zügig voran. So, wie du es dir vor langer Zeit vorgenommen hast.

Ich begrüße dich auf dem Meisterweg, der dich zum Aufgestiegenen Wesen machen wird.

Mit tiefer Freude an deiner Entwicklung bin ich auch auf diesem Weg ständig bei dir.

Serapis Bey und das Wesen der Aufstiegsflamme, das du mit seinem Namen ansprechen darfst, der lautet: Silvagar!!!

Seid alle gesegnet, meine Lieben.
Serapis Bey

Erzengel Gabriel spricht

Frieden sei mit euch.

Ich bin zu euch gekommen, zu euch Menschen, um euch in diesem Moment meine Liebe als dauerhaftes Geschenk zu überreichen. Bitte nehmt sie vorbehaltlos an.

Der Segen der göttlichen Kraft umschließe euch und dringe bis in euer Innerstes vor, sodass ihr euch vollkommen in dieser Kraft eingebettet fühlen möget, ihr wundervollen Wesen göttlicher Herkunft!

Frieden sei mit euch.

Ich grüße euch, ihr über alles geliebte Menschenwesen. Ich bringe Frieden in eure Herzen und bitte euch, meine Begrüßung und Ehrerbietung, die euch allen, ohne Ausnahme, gilt, entgegenzunehmen. Ich freue mich so sehr darüber, dass es euch gibt! Mein Herz ist voller Liebe für euch, bitte nehmt jetzt und immer, wenn ihr ihrer bedürft, so viel davon, wie ihr eben vermögt. Sie steht euch in grenzenloser Fülle und durch alle Zeiten hindurch ewig zur Verfügung.

Frieden über euch und all das Schicksalhafte, dem ihr euch ausgesetzt habt! Dies habt ihr zum Wohle aller Beteiligten getan. Mein Dank an euch dafür ist grenzenlos. So fühle ein jeder in sein warmes, gut durchblutetes Herz und fülle es mit den Schwingungen, die ich euch bringe. Tut dies bitte mit euren Atemzügen, die ihr jetzt bewusst einige Male euren Körper durchfluten lassen solltet.

So wirkt ihr gleichzeitig auch in eurem physischen Körper eventuellen Erkrankungen des Herzens entgegen. In diesem so wundervollen Augenblick ist euer Herz bereit, völlig gesund zu werden und, für den Moment sogar, alle Blockaden aufzulösen. Lasst die Verkrampfung und die angestaute Spannung jetzt bitte gehen und erleichtert damit eurem Körpersystem die Arbeit des Gesundungsprozesses. Ist das Herz bereit, zu gesunden, so können sich auch alle Blutgefäße ausweiten und ebenfalls alle Zellen eures gesamten Körpersystems. Sie können nun die Ablagerungen loslassen und zur Unterstützung des Heilungsprozesses ohne Einschränkung die Liebe mit den wundervollen Lichtschwingungen aufnehmen.

Doch bedenkt dabei bitte, dass jeder Körper eine andere Art hat, den Gesundungsprozess einzuleiten. Es wäre möglich, dass ihr eine Darmreinigung benötigt, es wäre möglich, dass ihr Fieber zur Ankurbelung der Heilung benötigt oder dass ihr euch vielleicht sogar einen Schnupfen zulegen müsst, um die Heilung in dauerhaften Gang zu bringen. Was auch immer euch diesbezüglich in den nächsten Tagen erreicht, wisst, es geschieht, um alle Blockaden aufzulösen, die jetzt bereit dazu sind. Und euer Körper ist jetzt mit den Lichtschwingungen verbunden, um eben die Heilung in euch zu forcieren. Vertraut ihm, eurem wundervollen Körper! Er weiß besser als ihr, was der Heilung bedarf, und kennt seine Möglichkeiten, sie einzuleiten. So geschieht jetzt Heilung in euch allen.

Wer von euch noch viele Blockaden in sich trägt, wird den Reinigungsprozess jetzt sicher häufiger durchlaufen. In der Verbindung mit eurem Körper, vielleicht auch mit jedem einzelnen Organ oder gleich mit eurem inneren Heiler, die ihr leicht in Meditationen herstellen könnt, ist es auch möglich, der Ursache für eure Blockaden auf den Grund zu gehen.

Blockaden entstehen durch schmerzhafte Erfahrungen und daraus resultierende Entscheidungen, die dann wiederum zu Glaubenssätzen werden und als feste Programmierungen in euren Zellen lagern. Diesen Programmierungen fehlt jedoch die Frequenz der Harmonie. Und zu einem bestimmten Zeitpunkt eurer Entwicklung zu mehr Bewusstwerdung, den ihr gemeinsam mit eurer inneren Führung und eurer Seele bestimmt habt, geschieht es, dass ihr nach Harmonie in eurem gesamten Körperbereich verlangt. Ich bitte euch noch einmal, euch selbst in eurer Ganzheit zu vertrauen. Hilfe fließt euch aus allen himmlischen Richtungen zu.

Ich biete euch für den Heilungsprozess auch meine Hilfe an. Ein Wort von euch genügt oder auch ein gedankliches Wort. Ich bin bereit – ihr auch?

Seid gesegnet, ihr lieben, göttlichen Menschenkinder.

In der christlichen Religionslehre hat man verbreitet, dass ich der Friedensengel und ein Gottesbote bin. Ich bin ein Engel, der die Menschen bisher nur selten aufgesucht hat, was mit eurer mangelnden Bereitschaft, hohe göttliche Botschaften entgegenzunehmen, zu tun hatte. Doch da ihr nun so viele wundervolle Geistwesen eingeladen habt, die euch als ihr persönliches Geschenk ihre Liebe und ihr Wissen in Form von Botschaften überbracht haben, so fühle auch ich mich von euch angenommen. Ihr seid nun vorbereitet, die Straße in die göttlichen Dimensionen zu beschreiten.

Und so ist es.

Ich bringe Frieden in die Herzen der Menschen, doch auch Botschaften aus dem höchsten göttlichen Sektor, den es gibt. Ich empfange sie von dort und bringe sie den Menschen, für die sie bestimmt sind. Es sind mir sehr freudvolle Aufgaben und ich liebe sie sehr.

Wie euch allen sicherlich bekannt ist, bin ich der Engel, der Maria die wundervolle Botschaft bezüglich der bevorstehenden Geburt ihres Sohnes Jesus überbringen durfte. Viele Menschen haben große Ehrfurcht vor mir, und das seit ich auf der Erde Botschaften überbringe. So reagierte auch Maria mit großer Ehrfurcht. Und wie das Wort schon sagt, spielt in meinen Begegnungen mit den Menschen ihre Furcht eine große Rolle. Denn meine Botschaften beinhalten fast immer außer den sehr fried- und freudvollen Worten auch zukunftsbezogene, schicksalhafte Mitteilungen, vor denen fast alle Menschen Angst haben. Denn in fast allen Menschen ist eine Programmierung vorhanden, die besagt, dass jeder Mensch in seinem Leben auch immer eine schwere, schicksalhafte Zeit durchzumachen hat.

Und so war auch die Botschaft für Maria sehr viel umfassender, als euch bekannt gemacht wurde, denn sie betraf die irdische Zukunft von Jesus, seiner Familie und der Familie von Maria und aller ihr anvertrauten Seelen ihrer Glaubensgemeinschaft auf der Erde.

Bereits während ich die Botschaft überbrachte, schloss Marias Seele den feinstofflichen Wahrnehmungskanal, sodass sie bewusst nur den ersten, den freudvollen Teil der Botschaft aufnehmen konnte. Das, was Maria zunächst unbewusst blieb, der weitergehende Teil der Botschaft, wurde schnellstens von ihr ins Unterbewusstsein verdrängt.

Für ihr Leben auf der Erde mit all den Aufgaben, die sie im Dienste der göttlichen Quelle und der Menschheit zu erfüllen hatte, war dies für sie der richtige Weg und der Grund dafür, dass euch allen dieses Wissen vorenthalten wurde. Dass Maria es verdrängte, ist sowohl aus menschlicher Sicht als auch aus der Sicht der göttlichen Lichtwesen verständlich, denn welche Mutter könnte all die Jahre der Gemeinsamkeit mit dem Wissen leben, dass sie ihr Kind unter solchen Umständen, wie Jesus sie erlebte, verlieren würde!

Doch Maria war ein sehr bewusstes Wesen, begabt mit einer großen Hellsichtigkeit, und sie konnte die Entwicklung der politischen Machenschaften und die der Glaubensgemeinschaften sehr deutlich sehen, und wen wundert es da, dass auch hin und wieder Teile der verdrängten Botschaft in ihr bewusstes Alltagsgeschehen aufstiegen. So ahnte sie zumindest, was ihrer Familie in der Zukunft wahrscheinlich geschehen würde, und konnte doch das eine oder andere schützend vorbereiten. Doch es war zu wenig, um dem Schicksal Einhalt gebieten zu können. Und das war gut so, denn Jesus hatte das gleiche Recht, über sein Leben zu bestimmen, wie jeder andere Mensch auch.

Und immer wieder erlebt auch ihr Schicksale, die euch dazu bringen, die Augen vor der Zukunft zu verschließen. Dazu habt ihr alle ja einen wundervoll funktionierenden Abwehrmechanismus, den eure Seelenführung immer wieder in Gang setzen kann, sobald etwas auf euch zukommt, das ihr als Menschen lieber verdrängen möchtet. Ihr glaubt in solchen Fällen, dass das, was euch schicksalhaft erwartet, für euch zu schwer zu tragen ist.

Euer Glaube suggeriert euch in diesem Falle dazu noch, dass wir geistigen Lichtwesen euch eurem Schicksal überlassen werden und euch jedwede Hilfe verweigern. So ist für die meisten Menschen der innerliche geistige Raum verschlossen, in welchem ihr göttliche Hilfe oder gar göttliche Wunder erkennen könntet.

Der Verdrängungsmechanismus, den ich gerade angesprochen habe, ist jedoch auch von großem Wert, um eine Erfahrung machen, so tief in sie eintauchen zu können, wie es für euch sinnvoll ist. Euch ist ja vielleicht bewusst, dass eure Erfahrung um so tiefer war, je mehr euch die diesbezügliche Situation überrascht und überrollt hat. Und jeder kennt wahrscheinlich auch das Gefühl einer unbestimmten Angst, die euch meist in Träumen zu schaffen macht, doch hin und wieder auch im Alltagsgeschehen einholt. Dies alles ist nur möglich, wenn ihr eurer Seele das Signal gegeben habt, den Verdrängungsmechanismus in Gang zu setzen, und dies auch so geschehen ist. Denn dann arbeitet das Unbewusste mit Angstschüben.

Zu dieser Angst gehört auch die Zukunftsangst. Ihr könnt daran erkennen, dass die Angst euch immer etwas mitteilen möchte. Wäret ihr bereit, sie anzusehen, könnte es dazu führen, der Zukunft mit klarerem Blick entgegenzusehen und eventuell zu handeln, um ihr eine andere Richtung zu geben.

Doch bedenkt dabei bitte auch, dass ihr alle Erfahrungen machen wollt, unter anderem auch sehr schmerzvolle, und daher ist es durchaus möglich, dass euer Schicksal euch selbst in einem solchen Falle der Bewusstheit doch sehr schmerzvoll erreicht. Ich überlasse es Serapis Bey, euch darüber weitere Auskünfte zu geben, denn dies ist ein umfassenderes Thema.

Je bewusster ihr werdet, umso größer ist auch eure Chance, über eure eigene Hellsichtigkeit zu erkennen, was eventuell auf euch zukommen könnte. Ist die Bewusstheit schon wieder so groß, dass auch schwere Schicksalsschläge von euch frühzeitig erkannt werden, könnt ihr im Vorhinein eine eventuell noch vorhandene Angst vor dem Kommenden auflösen. Dies ist ein Vorgang des Loslassens. Ihr wolltet unter anderem auch erfahren, wie schmerzhaft euer Herz das Loslassen spürt.

Und auch Maria, so hochentwickelt sie war, hatte mit diesem Thema noch ihre Schwierigkeiten. Sie hat jedoch ihre Erfahrung gemacht, und dadurch ist sie auch in der Lage, die menschlichen Herzschmerzen nachempfinden zu können. Die Menschen spüren dies und sprechen in ihrer Not oft Mutter Maria an, weil sie fühlen, dass sie dort angenommen und ihr Schmerz beachtet und verstanden wird. Und viele Menschen gebären so eine Erwartungshaltung, die sie hoffen lässt, dass es ihnen bald besser gehen wird.

Maria ist oft für die Menschen die weibliche Bezugsperson aus der göttlichen Welt, durch die sie auch leichter erkennen, dass göttliche Hilfe, eben durch Maria, zu ihnen kommt. Hier arbeitet zudem der menschliche Glaube, und so wird der geistige Raum im Menschen für die Wunder und Hilfeleistungen der göttlichen Wesen geöffnet. In Verbindung mit der Hoffnung ist eine noch stärkere Wirkung der Wunder und Hilfeleistungen möglich.

Unsere Achtung vor der Mutter Jesu ist hoch, und wir alle danken ihr von Herzen, dass sie dieses Schicksal auf sich genommen hat.

Seht, es wurde viel Trauer um das Schicksal von Jesus gelebt, von all den Menschen, die in seiner schweren Stunde bei ihm waren, und von Menschen, die nach ihm gelebt haben. Seine Mutter und vor allen Dingen auch sein Vater wurden in der Geschichte zwar erwähnt, doch ihr Schmerz sehr viel weniger beachtet als der Schmerz ihres Sohnes.

Dies möchte ich jetzt mit euch allen nachholen und um eine Gedenkminute für die Eltern, Maria und Josef, doch auch für all die Eltern, die ähnlichen Schmerz erfahren haben, bitten. Lasst uns gemeinsam unseren Dank darbieten und sehen, wie das wundervolle, goldene Licht zu ihnen fließt und all den Schmerz, der eventuell noch in ihnen steckt und von dem sie sich lösen möchten, reinigt.

Ich danke euch sehr.

Im christlichen Glauben wurde ich auf die beiden zuvor angesprochenen Aufgabenerfüllungen reduziert. Doch da dies eine Begrenzung meiner Fähigkeiten zu sein scheint, möchte ich hier an dieser Stelle darauf hinweisen, dass ich weitaus mehr Aufgaben zu erfüllen habe. Auch ich bin ein sehr vielseitiges Talent wie alle Wesen und daher mit vielen Aufgaben betraut, ebenso wie auch alle anderen Wesen, in welcher Form auch immer sie zu leben wünschen.

Ihr kennt mich jedoch in erster Linie als einen Boten der göttlichen Einheit, und so liegt ja auch nahe, dass ich unter anderem deshalb hier bin, um euch lieben Leserinnen und Lesern dieses Buches ihre Botschaft zu übermitteln, die gerade jetzt, nach irdischer Zeit, zum rechten Zeitpunkt eure Herzen erreichen sollte. Es wäre schön, wenn ihr diese, sobald sie in eurem Herzen angekommen ist, an andere Menschen weitergeben würdet, sei es durch Vorleben oder gesprochene Worte.

Seid auch dafür gesegnet und bedankt, meine Lieben.

Habe ich Botschaften zu übermitteln, nehme ich in den meisten Fällen zunächst Kontakt zur inneren Führung des Empfängers auf und bitte sie, mich anzukündigen. Ihr nehmt diese Ankündigung unterschiedlich auf, je nachdem wie nah ihr wieder mit der inneren Führung in Kontakt steht.

Es besteht die Möglichkeit, dass mir von der inneren Führung ein Kanal im menschlichen Bewusstsein freigeschaltet wird, in den ich eintauchen kann, um mich dem Menschen über sein Drittes Auge zu zeigen. Doch euch ist sicherlich klar, dass es verschiedene Möglichkeiten gibt, mich euch zu zeigen oder auch mich bemerkbar zu machen. Ich gebe hier nur wenige Beispiele, wie es sich für einige von euch abspielen könnte. Jeder mag in sich hineinfühlen und für sich feststellen, ob das Geschilderte für ihn persönlich zutrifft.

Ihr nehmt mich häufig als Lichtgestalt ohne bestimmte Gesichtszüge wahr, und mein Name dringt in euer Bewusstsein vor. Erkennt ihr meinen Namen, entscheidet ihr auf der Seelenebene, ob ich euch näher kommen und die Botschaft euch auch in eurem Tagesbewusstsein erreichen darf.

Hat eure Seele Einwände, weil vielleicht in euren Zellprogrammierungen oder im Unterbewusstsein eine Sperre eingebaut ist, die mir den näheren Zutritt zu eurem Dritten Auge und den Anschluss an den Lichtkanal zu eurem inneren Gehörgang, der das innere Hören ermöglicht, versperrt, ziehe ich mich zunächst wieder zurück. Doch da ich eine Botschaft zu übermitteln habe, bin auch ich gehalten, nach Wegen zu suchen, die mir helfen, eure Sperren umgehen zu können, was ich mit äußerster Rücksichtnahme tue.

So kann es euch geschehen, dass ihr mich mehrere Tage lang immer wieder einmal kurz seht, sobald ihr eure Augen schließt und eine Ruhephase einlegt. Ich ermögliche euch damit, dass ihr euch an mich gewöhnt und eure möglicherweise vorhandene Angst etwas reduziert werden kann. Denn Gewohnheit vermittelt Sicherheit und verhindert in der Regel, Angst zu leben.

Habt ihr euch dann ein wenig an meine immer wiederkehrende Erscheinung gewöhnt, so darf ich länger in eurem Lichtkanal zum Dritten Auge bleiben und habe dadurch die Möglichkeit, meine Aufgabe zu erfüllen, nämlich die Botschaft für euch zu übermitteln.

Doch solange die Sperre vorhanden ist, kann es Verzerrungen in der Übermittlung geben und dadurch die Botschaft nur unzulänglich erscheinen, für euch oft sogar missverständlich. Wenn ihr dies erkennt oder Unsicherheit in euch spürt, bittet immer eure Seele darum, die Kanäle frei zu machen, um die Botschaft deutlich empfangen zu können.

Die Rücksichtnahme sowie meine damit verbundene große Achtung vor eurer Wesenheit, die ich euch entgegenbringe, bitte ich euch, mit dem Herzen zu erkennen. Dadurch könntet ihr zum Beispiel auch lernen, euren lieben Mitschwestern und Brüdern eine ebensolche Rücksichtnahme zukommen zu lassen. Ihr würdet es euch so selbst bewusst machen und andererseits den anderen Menschen damit bekunden, dass sie euch ebenbürtig sind und dass ihr sie als die Wesenheiten achtet, die mit euch gemeinsam den Weg zurücklegen, gleich, welche Aufgabe sie zu erfüllen haben und in welcher Rolle sie euch erscheinen.

Achtet jetzt einmal auf eventuelle Regungen in eurem Inneren, auf kleine oder größere Widerstände, doch ob mit oder ohne, bitte ich euch von Herzen, trotzdem Rücksichtnahme zu üben.

In der jetzigen Zeit der hohen Schwingungen seid ihr als Lichtvertreter aufgerufen, mit allen euch denkbaren Mitteln die Liebe zu praktizieren. Die hohen Schwingungen machen es euch leichter, die Zeit dafür ist jetzt da, sie ist endlich so günstig wie selten zuvor in euren vergangenen Erdenzeiten. Ich bitte euch, dies zu nutzen.

Und so seid ihr ebenso aufgerufen, zwischenmenschliche Schwierigkeiten zu bereinigen. Wie ihr dies tut, bleibt eurer Verantwortung euch selbst gegenüber überlassen. Seht ihr euch um, so findet ihr viele Möglichkeiten im Außen, die euch dabei helfen könnten.

Doch wie immer viele unterschiedliche Wege zum Ziel führen, so gibt es für euch selbstverständlich auch andere Möglichkeiten, mich wahrzunehmen. Manchmal erkennen die Menschen mich schon, bevor ich ihren Lichtkanal betreten habe. Sie erfühlen meine Schwingung, meine Energie. Hier ist die menschliche Bewusstheit, die bereits wieder erreicht wurde, maßgebend.

So habe ich bei solchen Menschen manchmal auch die Gelegenheit, mich direkt (ohne die innere Führung einzuschalten) vorzustellen. Dies gilt als Bestätigung ihrer eigenen Wahrnehmung. Denn manchmal sehe ich auch bei einigen von ihnen, dass sie, obwohl sie mich wahrgenommen haben, unsicher sind und ihrer eigenen Wahrnehmung zu wenig vertrauen – was übrigens sehr häufig der Fall ist.

Doch meist sind die Menschen zu überrascht, wenn ich erscheine, und verschließen sich ganz schnell wieder meinem Erscheinungsbild, und es bleibt mir nur der Weg, die namentliche Vorstellung ausfallen zu lassen und die Botschaft an die Seele weiterzugeben, die meine Schwingung sehr deutlich erkennt. Sie ihrerseits vermittelt die Botschaft dann in der Regel in Träumen, die dem Menschen geschickt werden, weiter.

Ich erscheine übrigens auch Menschen, die sich selbst als unwürdig und verachtenswert empfinden. Ich erscheine Menschen, die sich selbst als böse bezeichnen. In diesen Fällen nimmt immer die Seele des betreffenden Menschen meine Botschaften entgegen.

Glaubt mir ruhig, ich werde die göttlichen Botschaften immer an alle Menschen weitergeben, zu denen ich gesandt werde. Und selbst die Menschen, die sich so in Dunkelheit gehüllt haben, dass sie sich vollkommen von der Göttlichkeit abgeschnitten glauben, empfangen die Botschaften, die für sie gedacht sind.

Was glaubt ihr, warum erzähle ich so viel über die Botschaftsübermittlung und erwähne auch noch, wie mich einige von euch wahrnehmen?

Damit habe ich bestimmte Bewusstheitsgrade deutlich gemacht, die jene Menschen aufmerksam machen sollen, die sich hier wiederfinden, sich selbst ein wenig mehr zu erkennen und die Sicherheit in ihren Wahrnehmungen wiederzufinden, die sie einst besaßen.

Ich weiß, dass es einige von euch sind. Ich weiß ebenso und ihr auch, dass dies möglich ist, wenn auch meist nur in kleinen Schritten. Und so verhilft euch auch jede Botschaft der geistigen Lichtwesen schließlich dazu, alle Schritte, wieder die einstige Sicherheit zu erlangen, zurücklegen zu können.

Meine Lieben, es geht mir darum, die Programmierungen aus euren Zellen aufzulösen, die aus alten Erfahrungen und Angst heraus das göttliche Licht verdrängen. Für euch geht es darum, die Hellsichtigkeit, die alle Menschen haben, manche mehr, manche weniger ausgeprägt, frei wirken zu lassen, sie wieder bewusst und angstfrei annehmen zu können.

Durch immer mehr Botschaften verlagert sich die Programmierung der alten Geschichten, und neue Botschaften können den Zellen zur Verfügung gestellt werden und sie als Programmierung dort wirken lassen.

Doch es gibt einen weiteren Grund dafür, dass ich so viel über meine Erscheinungsform und die Botschaftsübermittlung gesagt habe. Ich möchte euch damit daran erinnern, dass der Zugang zur höchsten Instanz der Göttlichkeit immer für euch da ist, gleich, welche Aufgabe ihr auf der Erde zu erfüllen habt. Und es ist auch gleich, ob ihr euch als noch unwürdig empfindet, mit der göttlichen Kraft Kontakt haben zu dürfen. Der Kontakt kommt immer zustande, wenn es an der Zeit ist, euch einen Hinweis zu geben.

Ich möchte euch auch mehr Einblick in die göttliche Maschinerie, die göttliche Architektur der Gedankenwelt der göttlichen Wesenheiten ermöglichen. Ich möchte euch daran erinnern, und dies immer wieder, dass ihr dazugehört, und ich möchte euch dazu bringen, wieder zu erkennen, wie eure Gedankenwelt in diese Architektur passt und wie ihr die Gebäude der Gedankenwelt immer wieder neu erbauen könnt, sei es bei euch als Einzelwesen oder global, angeschlossen an alle anderen Mitglieder dieser göttlichen Architektur. Doch vorher ist, um die Gebäude der Liebe errichten zu können, einiges in euren Gedanken zurechtzurücken, bei manchen mehr, bei anderen weniger.

Und über Ängste und die Form zu berichten, wie ihr zum Beispiel Lichtwesenheiten begegnen könntet, in meinem Falle zusätzlich mit der Botschaftsübermittlung, ist ein kleiner Weg, eure Gedanken als Gerüste zu nutzen und so zu ermöglichen, ein neues Gebäude der Liebe errichten zu können.

Und es ist mir auch wichtig, dass ihr alle wieder das Wissen annehmt, das sich auf die Aufgaben eurer Seele bezieht. Und eine ihrer Aufgaben ist es eben, die Lichtkontakte in der Form zuzulassen, wie es euer Denken vorgibt.

Um hier den größtmöglichen Erfolg zu erzielen, sind bewusst eingesetzte Gedanken, die der Sache der Lichtwelt dienen, die unentbehrliche Brücke. Um euch auch hier weiterzubringen, nutze ich die Seiten in diesem Buche, die mir Serapis Bey zur Verfügung gestellt hat. Denn das, was ich zu eurer diesbezüglichen Entwicklung zu sagen habe, passt genau in die Themenwelt, die Serapis Bey mit dem jetzigen Buch betreten hat. Und so arbeiten wir beide gemeinsam mit euch daran, dass ihr wieder erkennen könnt, was durch eure Gedankenproduktion entsteht.

Seht, wenn diese Übungen neu für euch wären, so müssten wir Geistwesen viel intensiver mit euch arbeiten. Doch da ihr alle in früheren Zeiten bereits über die Macht der Gedanken informiert wart und mit diesem Wissen gearbeitet habt, so benötigt ihr wirklich immer wieder nur kleine Anstöße, um euch wieder erinnern zu können.

Nun ist es ja so, dass schon so Vieles über die geistigen Geschehnisse und die Wesenheiten der geistigen Welt geschrieben steht, dass einige von euch der geistigen Literatur, die ihr auch als esoterische Literatur bezeichnet, nur noch mit Vorbehalt begegnen. Doch Gott und der Göttin sei gedankt, auch ihr lest sie zumindest immer wieder und gebt dadurch eurem Herzen die Chance, die Liebe aus den Worten und die dazugehörenden Schwingungen anzunehmen.

Das menschliche Herz benötigt sie immer wieder, um gesund zu bleiben, beziehungsweise wieder gesunden zu können. Ich versichere euch, alles Geschriebene hat seine Funktion zu erfüllen. Und jeder Einzelne von euch suche sich bitte die Informationen heraus, die ihn betreffen, die für ihn bestimmt zu sein scheinen. Hier arbeitet ihr auch mit eurem Glauben, der immer kraftvolle Gedanken erzeugt. Und diese sind es, die, wenn sie liebevoll sind, uns alle weiterbringen.

Ich möchte euch auf das vorbereiten helfen, was euch in der Zukunft erwarten könnte. Denn das von euch so sehnlichst erwünschte neue Weltbild – ohne die dunklen Energien – gestaltet ihr alle mit. Doch es ist bisher noch so gewesen, dass den meisten Menschen die Bewusstheit über die Gestaltung, die sie mit ihren Gedanken und Worten vornehmen, fehlt. Und die meisten Menschen haben bisher fleißig ihre eigenen dunklen Energien immer wieder verdrängt. Doch was verdrängt wird, bricht irgendwann aus, mit größerer Kraft als zuvor. Verdrängen von Gefühlen führt außerdem dazu, diesen mehr Raum zu geben, und im Falle von dunklen Gefühlen ziehen sie auch weitere dunkle Energien an.

Theoretisch wird dies vielen von euch bereits wieder bewusst, sobald ihr darauf angesprochen werdet, doch wie sieht es aus, wenn ihr wieder in euer Tagesgeschehen eintaucht? Auch hier möge jeder in sich selbst nach einer Resonanz suchen.

All die vielen Botschaften aus den geistigen Welten haben euch auch dies mitgeteilt. Ihr arbeitet *langsam* daran, und ich sehe, dass eure Entwicklung trotzdem stetig weitergeht, also alles so für euch passend ist. Doch damit ihr immer wieder aus dem Schlaf und den damit verbundenen alten Gewohnheiten herausgeholt werdet, finden auch immer wieder neue Botschaften den Weg zu euch.

Ich bin ein Engel, der den Menschen auch ganz gerne einmal ins Gewissen redet, um das Erwachen in ihnen zu beschleunigen. Gelingt es mir bei dir, und wie gehst du damit um?

Ich segne dich als Einzelwesen und als das Wesen, das zur Einheit gehört.

Da Serapis Bey über seine Arbeit auf dem Weißen Strahl berichtet hat, möchte auch ich etwas zu meiner Aufgabe auf diesem Strahl sagen. Ich möchte euch ein wenig näherkommen, als es bisher möglich war, ja, und auch ich bin sehr daran interessiert, dass ihr die große Ehrfurcht vor mir in reine Liebe und Nähe umwandelt. Dies ist in der heutigen Zeit mit den goldenen Energien einfacher für uns alle geworden.

Jeden Kontakt, den der Mensch zu uns Engelwesen oder auch zu den wundervollen Aufgestiegenen Meistern haben kann, sollte er nutzen. Damit wird ihm als Einzelwesen, dem Kollektiv Mensch und der Erde mit Pflanz und Tier, Stein und Wasserwesen und all den feinstofflichen Wesenheiten, die sich dort befinden, der Aufstieg in die feinstofflicheren Welten leichter gemacht.

Seit langem wurde von allen Beteiligten daran gearbeitet, euch auf bestimmte Wege zu führen, um mit euch gemeinsam eure spirituelle Entwicklung schneller voranbringen zu können. Und so wurde wieder ein Weg gefunden und von einigen Menschen bereits beschritten, der es für euch ebenfalls leichter machen sollte, die Entwicklung auch mit Leichtigkeit und Freude zu durchleben.

Ihr als ausführende Wesenheiten auf der Erde, die sich für einen bewussten Aufstieg entschieden haben, nämlich dem langsamen Erwachen und damit dem Aufsteigen in die göttliche Heimat, der ihr einst entronnen seid, wieder näher kommen zu können, habt in euren Zellen auch eine Programmierung, die Hilfe dazu annehmen will. Um diese zu aktivieren, ist von eurer Seite lediglich der menschliche Wille ein wenig zurückzunehmen und dem göttlichen Willen zu gestatten, Hilfe zu bringen. Doch es ist damit auch ein Loslassen der eigenen Vorstellungen verbunden, was den meisten Menschen noch immer sehr, sehr schwer fällt.

Um unsere Energien auch nutzen zu können, euch daran anschließen zu können, und zwar sehr bewusst von eurer Seite aus, ist es wichtig, dass ihr zum einen den Zyklus, dem ihr euch unterworfen habt, versteht, und zum anderen genau begreift, wie sich die Nutzung unserer Energien in euch auswirkt und wie ihr damit bewusst die Welt, in der ihr lebt, verändern könnt – und zwar zum Wohle für alle Wesen, die sich mit euch auf der Erde befinden.

Eine heile Welt kann nur dann in eure scheinbare Realität einziehen, wenn ihr bewusst daran arbeitet und die vorhandenen Möglichkeiten dazu in euch in Wahrhaftigkeit umwandelt.

Die heile Welt kann euch nur dann geschehen, wenn ihr auch bewusst die bereits eingetretenen

Veränderungen, die weltweit zu beobachten sind, zulasst, sie erkennt und achtet.

Vielleicht ist es euch ja auch möglich, Freude darüber zu empfinden. Das, was noch zu ändern ist, erfordert euer aller Bereitschaft, den göttlichen Willen geschehen zu lassen, der dann schließlich durch euch, meine lieben Menschen, in die Tat umgesetzt wird. Ihr werdet noch Weiteres über dieses Thema durch Serapis Bey erfahren.

Und so sei es.

Noch sind nur wenige von euch bereit, dem göttlichen Willen freies Schaffen zuzugestehen – zum Wohle aller. Wie immer, gibt es selbstverständlich auch hierfür Gründe, die euch durch Erfahrungen, die ihr gemacht habt, dazu gebracht haben, dem göttlichen Willen euren eigenen entgegenzusetzen, in dem Glauben, dass es euch dann besser geht, wenn ihr alles, was euch betrifft, auch selbst kontrolliert.

Ihr habt euch viele Schuldgefühle aufgeladen, die durch die atlantische Geschichte in euch Platz nehmen konnten. Ihr glaubtet, wenn ihr die Schuldgefühle für einige Zeit leben würdet, so wäre es ein Leichtes, das atlantische Karma aufzulösen. Um wieder aus dieser Geschichte aussteigen zu können, wolltet ihr euch doch auch wieder von den Schuldgefühlen verabschieden – doch wie geht ihr damit um?

Bisher haben die Menschen immer mehr dazu getan, die Schuldgefühle wachsen zu lassen, statt sie ursächlich aufzulösen. Sie haben, meist aus der atlantischen Zeit resultierend, die Selbstbestrafung in sich so sehr manifestiert, dass sie sich bisher kaum wieder von dieser Struktur lösen konnten, und stattdessen nach immer neuen Wegen gesucht, ihre Manifestation zu verstärken. Und zur Festigung dieser Manifestation gehören in erster Linie die Be- und Verurteilungsgedanken.

Seht euch einmal genau an, wie euer Denken ist, wie viel Liebe zu anderen Menschen findet ihr dort?

Wie seht ihr Katastrophen jeder Art? Seid ihr fähig, den Verursachern Liebe und Verständnis entgegenzubringen? Oder reagiert ihr mit Verurteilung und den daraus resultierenden Gedanken? Bedenkt bitte, dass ihr in diesem Falle den dunklen Energien Unterstützung gewährt. Betrachtet stattdessen lieber neutral, was sich vor euren Augen abspielt, und sucht nach Wegen, wie ihr die Situationen verändern könnt. Und bedenkt: Wo ein Wille ist, ist auch ein Weg, auch wenn dieser eventuell länger dauert, als ihr gedacht habt. Ihr wisst, wie es geht, denn ihr praktiziert dies immer wieder.

Und seht, so wie ihr die Menschen und euch selbst seht – ob bewusst oder unbewusst –, glaubt ihr, verhält sich auch Gott und mit ihm die ganze Engel- und Meisterwelt. Doch obwohl einige von ihnen euch schon nähergekommen sind und ihr ihre Liebe, wenn auch nur sehr bedingt, annehmen könnt, seid ihr bisher noch immer in dem Irrglauben gefangen geblieben, dem ihr einst zur Zeit des Untergangs von Atlantis in die Falle gegangen seid, die ihr euch selbst aus Selbstbestrafungsgründen gestellt habt. Die Falle diente euch dazu, euch immer wieder selbst verurteilen zu können.

Die Lektion auf Atlantis diente euch dazu, euch unwürdig fühlen zu können, und aus diesem Gefühl heraus resultiert auch das menschliche Minderwertigkeitsgefühl, das ihr alle kennenlernen wolltet. Der Wunsch wurde euch erfüllt. Ihr alle habt an seiner Entwicklung mitgearbeitet.

Na, wie fühlt sich das einst heiß ersehnte Gefühl an? Möchtet ihr es weiterleben und eventuell noch tiefer erfahren? Entscheidet selbst, ihr erfahrt Hilfe in jeder Richtung, ihr lieben Menschen.

Alle geistigen Lichtwesen und einige Menschen, die sich im Moment auf der Erde befinden, helfen mit, die Türe aus dieser Falle offen zu halten. Es ist nun an euch, durch diese Türe zu gehen und so der Falle zu entkommen. Ich weiß, dass ihr es schafft, ihr Lieben. Nehmt dazu die Hilfen, die euch begegnen, ruhig an.

Und hier ist nun die göttliche Botschaft, die ich genau an dieser Stelle einfügen möchte, um dann danach eure Bewusstheit weiter zu stabilisieren. Ich denke, dass ihr jetzt einmal die göttliche Liebe ohne belehrende Worte spüren möchtet. Sie dringt tiefer in euer Herz ein, als ich es bisher mit meinen Worten vermochte.

Meine über alles geliebten Kinder, ich umarme euch. Lasst mich euch streicheln und all das Schwere, das euch noch anhaftet, von eurem Rücken streifen. Lasst euch entspannt in meine Arme sinken, euer Herz weich werden und meine Liebe hineinfließen. Lasst mich euch jetzt und hier Mutter und Vater der reinen Liebe sein.

Ich bitte diejenigen von euch, die mit ihren Eltern ein problembehaftetes Zusammensein kennengelernt haben, lasst dazu die Erfahrung der Liebe, die eure Eltern euch geschenkt haben, aus eurer Erinnerung weichen, denn sie war in den meisten Fällen karmisch belastet, jedoch für euren Entwicklungsweg vonnöten. Da sie sich so verhalten mussten, wie ihr es erlebt habt, konntet ihr durch sie nur eine eingeschränkte Erfahrung der göttlichen Liebe machen.

Meine gesegneten Menschenkinder, ich möchte euch erzählen, was jeder einzelne Mensch für mich, die göttliche Ganzheit, auf der Erde tut. So soll dies meine Botschaft an euch sein, die mein geliebter Erzengel Gabriel an euch weitergibt. Doch ob er direkt zu euch spricht und meine Botschaft an euch weitergibt oder ob ich direkt zu euch spreche und diese selbst an euch weitergebe, macht nur einen geringen Unterschied in der Schwingung aus.

Seht, meine lieben Kinder, ich schwinge sehr fein, und im Moment befindet sich kaum ein

Mensch unter euch, der diese Schwingung aushalten würde, auch wenn ich sie niedriger einstellen kann. So schalte ich meine Engel als Boten ein, die etwas niedriger schwingen, doch auch sie haben ihre Kraft an euch anzupassen, damit jeglicher Schaden für euer Körpersystem ausgeschlossen wird.

Was tut ihr nun auf der Erde für mich? Ihr lebt und macht eure Erfahrungen, die ich durch euch miterfahren darf, und zwar mit eurem Emotionalkörper, der meiner Wesenheit fehlt. Ich habe euch so geschaffen, damit ich durch euch erfahren darf. Und die Menschen, die sich Kraft ihres eigenen Willens durchsetzen wollen, helfen mir ebenso, diese Erfahrung zu machen, wie die Menschen, die sich dem göttlichen Willen unterordnen.

Und so ist das mit allen Menschen, denn ich bin in jedem von euch mit meinem göttlichen Kern beheimatet. Dass ihr all das, was zum großen Teil so entsetzlich schwer für euch auszuhalten ist, für mich ausprobiert, ist so wundervoll, dass mein Dank an euch immer zu gering ausfallen würde.

Was ihr für mich tut und so auch für alles, was ist, sind die Wunder, die mir in jeder irdischen Sekunde von euch geschenkt werden. Und so antworte ich euch auch mit Wundern, die ihr lediglich erkennen solltet, meine Lieben.

Jeder Zufall entspricht einem kleinen Wunder, wie er auch immer aussieht.

Nehmt die Zufälle bitte auch als meine Geschenke an und wisset darum, das ist meine Bitte an euch. Lasst dies in eurem Bewusstsein arbeiten, und ihr werdet immer mehr göttliche Wunder erkennen.

Ich umarme euch und wünsche euch und mir durch euch eine wundervolle Zeit auf der Erde. Das, was danach kommt, werde ich euch erzählen, sobald ihr die Grenze der irdischen Welt verlassen habt und euch in anderen Dimensionen befindet.

Seid gesegnet und in dankbarer Umarmung bin ich mit euch gesegnet.

Ja, meine Lieben, an einem Mittwoch habe ich diese Botschaft empfangen, und ein wenig später, an einem anderen Mittwoch, gebe ich sie an euch weiter. Der Mittwoch ist der Tag, der in der Reihenfolge der sieben Wochentage der vierte ist, gerechnet vom ersten Wochentag an, dem Sonntag, und er steht einerseits für den Weißen Strahl, dem Serapis Bey und auch ich als Hüter zur Verfügung stehen; und gleichzeitig ist dieser Tag die Mitte der Woche. Und dieser Tag sollte euch ganz besonders an meine Existenz erinnern, denn dieser Tag war der Tag, an dem ich auch Maria ihre Botschaft überbrachte. Maria hat diesen Tag ganz besonders geehrt und jedesmal ein Ritual ausgeführt. An jedem Mittwoch hat sie meiner und der Botschaft gedacht und gleichermaßen auch aller anderen Menschen auf der Welt, denen sie ihre Liebe gesandt hat.

Wer Traditionen liebt, der kann vielleicht Marias Tradition fortführen. Der Aufwand ist gering, die Wirkung jedoch groß. Und wenn ich darf, so bitte ich euch, an diesem Tag auch einmal zu überdenken, was ihr im Laufe der Woche schon an wohltuenden Gedanken an die Menschen gesendet habt.

Vielleicht möchtet ihr das traditionelle Ritual ja auch lieber an einem anderen Wochentag ausüben, der euch passender scheint. Und wenn ihr mögt, tut dies dann eben an diesem Tag. Ich danke euch.

Nehmen wir einmal die wohltuenden Gedanken, die ihr hin und wieder an eure Mitschwestern und Brüder schickt, so sind dies Gedanken, die bereits am Bau eures Gebäudes der Liebe mitgestalten helfen. Seht jeden liebevollen, wohltuenden Gedanken als einen weiteren Baustein für euer Gebäude der Liebe. Vielleicht schafft ihr es ja in kürzester Zeit, einen Wolkenkratzer zu errichten. Ich sehe schon all die wunderschönen Wolkenkratzer in den Himmel hineinragen und empfinde eine tiefe Freude darüber.

Ich kündigte euch an, dass ich eure Bewusstheit weiter stabilisieren möchte, indem ich eure Gedankenwelt ein wenig erschüttere. Gleichzeitig wird dadurch auch die innere Stabilität, die aus Vertrauen besteht, stabilisiert. Dies ist eine der Aufgaben, die ich ebenfalls übernommen habe. Auch diese macht mir viel Freude, und, ihr Lieben, eure innere Stabilität ist mir wichtig. Könntet ihr jetzt meine Freude darüber spüren, so könntet ihr auch ermessen, wie wichtig diese Aufgabe für mich ist. Kann ich euch vielleicht ein wenig mit meiner Freude anstecken?

Nun, es tut weniger weh, als ihr glaubt, wenn ich eure Gedankenstruktur ein wenig zurechtrücke. Wir alle, die euch beim Aufstiegsprozess behilflich sind, tun dies immer wieder von Zeit zu Zeit einmal.

Wir tun dies, um euch immer tiefer in die Bewusstheit zu führen, wie ihr eure Gedanken wirklich in die Richtung lenken könnt, die die von euch so sehr herbeigesehnte neue Welt gestalten können.

Es geht nur darum, eure Gedanken bewusster einzusetzen, ihnen zu zeigen, dass ihr es seid, die Regie in eurem Leben führen, und eure Gedanken dazu als Werkzeuge einsetzen wollt.

Ich sehe, dass einige von euch seit geraumer Zeit schon intensiv daran arbeiten, und dies mit beachtlichen Erfolgen. Und ich möchte euch allen sagen, dass ich jeden Entwicklungsstand mit tiefer Freude akzeptiere.

Doch obwohl ich euch dies immer wieder versichere, scheint es für einige von euch so auszusehen, als ob ich sie antreiben möchte. Und sie scheinen zu glauben, dass ich ihre bisherige Entwicklung übersehen habe. Doch ich betone auch immer wieder, dass jeder noch so kleine spirituelle Entwicklungsschritt für alle Beteiligten von großer Bedeutung ist. Bedenkt bitte, dass die Bewertung von euch stammt. Ich habe sie hier lediglich ans Licht geholt.

So bitte ich euch, meine Lieben, die dies von sich und mir glauben, erfreut euch doch mit mir und all den geistigen Lichtwesen daran, dass ihr schon so weit gekommen seid. Und sollte eure Entwicklung zunächst an dem bisher erreichten Punkt stehen bleiben, so ist dies für alle Beteiligten ebenfalls richtig und gut.

Ihr dürft selbstverständlich immer wieder stehen bleiben und in dieser Zeit gerne selbst überprüfen, wie weit ihr in eurem Selbsterkenntnisprozess gekommen seid und ob ihr euch als die Person, die ihr jetzt bereits wieder geworden seid, auch gefallt. Und wenn ihr den Wunsch verspürt, wieder einige Schritte weiterzugehen, dann tut es.

Je mehr eure Selbsterkenntnis voranschreitet, desto mehr zeigt sich eure Ursprünglichkeit in eurem Wesen. Denn ihr bewegt euch in eurer Bewusstwerdung auf das Wesen zu, das ihr in eurem Innersten seid. Und das ist das reine, göttliche Wesen, der Teil von der göttlichen Einheit, der in einem physischen Körper Platz genommen hat und diesen Körper in seinem Bewusstsein als eigenständiges Wesen schalten und walten lassen hat. Dieses wundervolle göttliche Wesen in euch hat euch geholfen, die Illusion zu erschaffen, die euch suggeriert, dass ihr allein auf der Welt seid. Doch je mehr ihr euch selbst wiedererkennt, umso mehr erkennt ihr auch die Illusion, in der ihr lebt. Und je weiter ihr das Thema Illusion hinterfragt, umso besser versteht ihr den gesamten Zyklus des universellen Geschehens.

Ich weiß, dass der Bewusstwerdungsprozess der Selbsterkenntnis noch so vielen Menschen Angst macht, doch bitte ich euch, euch selbst zu vertrauen. Schließlich seid ihr göttliche Wesen. Und bitte lasst zu, dass sich dies in eurem Bewusstsein eingraviert. Es ist auch ein Weg, mit der Angst umgehen zu lernen, je bewusster man sich macht, wer man in seinem innersten Kern ist.

Während man in den spirituellen Prozess einsteigt und beginnt, sich selbst zu erforschen, beginnt, sich zu verändern, geschieht es häufig, dass Angst aufsteigt, weil man spürt, dass sich die eigene Persönlichkeit zu verändern beginnt. Man geht mit Situationen plötzlich anders um, als man es bislang gewohnt war. Man wird aus dem Bild herausgerissen, welches man von sich selbst hatte.

Durch die Bewusstheit, mit der man plötzlich klarer sieht, erkennt man auch immer mehr die Situationen, die sich einem zeigen. Nun reagiert ja jeder Mensch anders auf sie. Und jeder Mensch hat auch schon Erfahrungen, die mit Persönlichkeitsveränderung zu tun haben. Meist waren sie sehr schmerzhaft, und die unbewusste Erinnerung daran lässt weitere Ängste aufsteigen.

Und weil es selbstverständlich auch Menschen gibt, die Angst vor jeglicher Veränderung haben und sich nun selbst zu verändern beginnen, kommen bei ihnen womöglich noch weitere Ängste aus der inneren Welt hoch, die sie sich kaum erklären können.

Fassen wir nun einmal all diese Ängste zusammen, so kristallisiert sich heraus, dass es im Grunde nur eine Angst ist, die sich euch zeigt, und das ist die Angst davor, dass eine Persönlichkeitsveränderung geistige Krankheit bedeutet. Das ist heute der weit verbreitete Glaube bei den Menschen. Und dass es überhaupt zu diesem Glauben kommen konnte, hatte den Grund, dass es Menschen gab, die daran interessiert waren, viele Menschen von der spirituellen Entwicklung fernzuhalten. Denn denkt einmal an all die Machtstrukturen, in denen ihr lebt, hätten sie überhaupt Fuß fassen können, wäret ihr wach, das heißt, spirituell erwacht gewesen?

Mir liegt ein Thema am Herzen, über das ich jetzt mit euch sprechen möchte, denn es ist an der Zeit, dass ihr über euch hinauswachst und dem erwähnten Glauben ein Ende bereitet, indem ihr den Menschen zeigt, dass ihr trotz spiritueller Entwicklung und Persönlichkeitsveränderung **geistig vollkommen gesund** seid. Und es ist ebenso wichtig, dass ihr es euch selbst beweist. Beginnt einfach, daran zu glauben, denn das kann man in jeder Richtung.

Die Zeiten, in denen euch andere Menschen bestraft haben oder für krank erklärten, weil ihr diesen Weg im Alleingang gehen wolltet, sind vorüber. Das, was euch Menschen mit Gewalt beibringen wollten, nämlich, dass der Weg der spirituellen Entwicklung nur den Menschen vorbehalten sei, die sich einer Religionsgemeinschaft angeschlossen haben, ist ebenfalls vorüber. Doch interessanterweise sind die Menschen, die sich einer Religionsgemeinschaft angeschlossen hatten, wiederum als vollkommen normal angesehen worden, obwohl sie doch das Gleiche getan haben, wie die für krank Erklärten. Wie seltsam eure Glaubensmuster doch sind, könnt ihr das erkennen?

Nun, offensichtlich scheint die oft mangelnde Klarheit der menschlichen Glaubensstrukturen dafür wichtig zu sein, dass eure Geschichten gelebt werden können. Man könnte auch sagen, geträumt werden können – also macht euch auf, den Traum zu verlassen und zu erwachen.

Alle Persönlichkeitsveränderungsstrukturen werden leider immer wieder der Krankheit Schizophrenie zugeordnet, über die selbst eure Mediziner noch so wenig wissen. Die Forschung hinkt auch hier ein wenig nach, was euch leider auch verschwiegen wird.

Und da alle diesbezüglichen Strukturen in diese Kategorie von Krankheiten eingeordnet werden, wen wundert es da, dass viele Menschen, die durch tiefgreifende persönliche Erlebnisse, deren Folge Hellsichtigkeit oder Hellhörigkeit (Stimmen hören) war, in große Unsicherheit und Ängste verfallen sind!

Sicher, es sind Menschen unter euch, die an dieser Krankheit leiden, doch es sind die wenigsten. Die meisten Menschen, die sich aus Unsicherheit und Angst einem Psychiater anvertrauen und dann den Stempel „Schizophrenie" aufgedrückt bekommen, sind vollkommen gesund. Wer jedoch einmal diesen Stempel in seinen Unterlagen hat, bleibt für die Zeit, die er noch auf der Erde verbringt, ein solcher „Fall", der nach ärztlichem Glauben fast immer hoffnungslos ist.

Ich möchte euch einige wichtige Informationen zu dieser Krankheit und zu eurer Verwandlung geben, damit ihr eine diesbezüglich aufkommende Angst vermeiden könnt.

Es ist eine meiner größten Aufgaben, was den wenigsten Menschen bekannt ist, den als schizophren bezeichneten Menschen zur Heilung zu verhelfen.

Interessanterweise sind genau diese Menschen ausschließlich auf dem Weißen Strahl zur Erde gelangt, oder besser gesagt, mit ihm verbunden. So ist meine Aufgabe, als Hüter dieses Strahls zu fungieren, auch gleichzeitig die Aufgabe, Menschen, die sich mit ihm verbunden haben, in jeder Form zur Seite zu stehen, und wenn nötig, auf den Weg der Heilung zu bringen. Und da die Krankheit meist auch noch in furchterregende Depressionen führt, teilweise auch durch die angeblich helfenden Medikamente verursacht, haben sich Engel bereit erklärt, als Menschen zu inkarnieren und die Krankheit Schizophrenie zu leben, um sozusagen vor Ort nach anderen Lösungen zu suchen. Ich kann euch versichern, auch sie haben die größten Schwierigkeiten, wieder aus diesem Loch der Verzweiflung herauszufinden.

In alten Zeiten wurden die heute als krank angesehenen Menschen als Hellseher betrachtet und als besondere Wesen erkannt, die direkt von Gott geschickt worden waren, um den Menschen auf der Erde zu helfen. Einige Menschen erkannten in ihnen sogar die Engel, die einige von ihnen ja auch waren.

Ursprünglich sollten diese Menschen eine wichtige Botschaft übermitteln. Und die Menschen, denen die Fähigkeit der Hellsichtigkeit fehlte, haben die Botschaft verstanden.

Sie lautete, dass jeder Mensch so behandelt werden sollte, als wäre er direkt von Gott geschickt. Dass jeder Mensch ein Engel sein könnte, und dass jeder

Mensch in einer anderen Geisteswelt lebt. Und das ist der wichtigste Teil der Botschaft.

Wer die Botschaft verstanden hatte, richtete sein Leben danach aus. Und, meine Lieben, damals gab es mehr Liebe und somit auch Licht auf der Welt als heute.

Die ursprüngliche Botschaft für die Menschen ist jedoch schnell in Vergessenheit geraten, und die scheinbar Kranken wurden mehr und mehr als Verrückte und gefährliche Kranke angesehen. Dies ist bis heute so geblieben. Und mittlerweile fühlen sich auch die meisten von ihnen krank.

Geisteskranke Menschen hat es immer schon gegeben. Doch die meisten von ihnen laufen ohne menschliche Beobachtung durchs Leben, und allzu häufig sind Menschenmassen ihrem Wirken ausgesetzt. Es hat Politiker gegeben, Menschen an der Spitze großer Wirtschaftsimperien und an anderen führenden Stellen, die auf dem Planeten Erde diese Möglichkeiten nutzten, um ungehindert Macht ausüben zu können. Diese Kranken haben große Macht ausgeübt. Sie haben viele Dinge getan, die dem einfach entwickelten Menschen viel Schmerz und Leid zugefügt haben. Denkt nur einmal an die Kriege, die, anstatt aufzuhören, immer weiter geführt wurden und immer noch werden. Können geistig gesunde Menschen hinter solchen Machenschaften stecken? Zum Menschsein gehört das Gefühl der Liebe zu anderen Lebewesen dazu. Wo ist dies in diesen Fällen geblieben? Hat diese Menschen irgendjemand von euch zur Rechenschaft gezogen?

Für eine gewisse Zeit der geistigen Entwicklung des Menschen war auch diese Art der Erfahrungen notwendig. Zugegeben, mein Engeldenken ist ein wenig entfernt von dieser Art Denken. Wie konnten diese kranken Menschen all das ungeahndet tun, was so viel Zerstörung im Außen, doch auch im Inneren der Menschen angerichtet hat? Und wie sind diese Menschen überhaupt an die Spitze der Gesellschaft gelangt? Ihr alle seid doch so bewandert im Be- und Verurteilen. Wie ist es möglich, dass ihr, nachdem ihr Jahrtausende lang Erfahrungen in dieser Richtung gemacht habt, immer noch mittelalterliche Denkweisen euer Leben bestimmen lasst?

Nun, meine lieben Menschenkinder, diese Menschen konnten an die Macht kommen, weil sie allesamt hochintelligente Wesen waren und in der Lage, Menschenmassen zu täuschen. Doch auch diese Zeiten nähern sich ihrem Ende. Und damit dies schneller vonstatten gehen kann, bitte ich um eure Mithilfe.

Bitte beginnt euer Erwachen auch dazu zu benutzen, mit euren Gedanken der Liebe diesen Machenschaften ein Ende zu bereiten. Vertraut bitte der Macht der Liebe, denn sie ist die einzige Macht, die ein Pendant zur anderen Macht darstellt. Und die außerdem in der Lage ist, der anderen Macht die Kraft des Wirkens zu nehmen. Und je mehr Gedanken der Liebe zusammenkommen, umso schneller ist der Erfolg da.

Die meisten Kranken, bei denen Schizophrenie diagnostiziert worden ist, sind ebenfalls hochintelligente Wesen. Doch viele von ihnen sind in ihrer Struktur durch Erziehung und andere äußere Einwirkungen sehr unsichere Wesen geworden. Und wer unsicher ist, sucht sich gerne im vertrauten Milieu Hilfe. Da in der jetzigen Zeit Mediziner als diejenigen gelten, denen man vertrauen sollte und die, wenn überhaupt Hilfe möglich ist, helfen werden, ist es verständlich, dass so viele Menschen sich ihnen anvertrauen. Und so kommen die Menschen, die aufgrund ihrer psychischen Labilität Psychiater aufsuchen, in eine Maschinerie, aus der sie kaum wieder aussteigen können, weil ihnen die Kraft, um Widerstand zu leisten, fehlt. Denn die Art Hilfe, die euch Mediziner geben können, beruht nur auf Medikamenten, und die haben so starke Nebenwirkungen, dass es unmöglich scheint, wieder von ihnen loszukommen. Und so erkennt bitte, dass ihr auch nach anderer Hilfe suchen solltet. Doch ich sage auch hier wieder, die meisten Menschen durchleben lediglich eine gesunde Veränderung, die mit anderer Bewusstheit zu tun hat.

So ist der Stand der Dinge bisher gewesen.

Die Maschinerie, die dahinter steckt, und warum diese Menschen sich für den medizinischen Weg entschieden haben, hat eine Vielzahl von Gründen, die ich hier unmöglich alle behandeln kann. Das hat mich auf die Idee gebracht, irgendwann in naher Zukunft eine Abhandlung schreiben zu lassen, in der dann alles, was diese Krankheit erklärt, ihren Sinn und Möglichkeiten, sie zu heilen, stehen wird.

Ich denke, dass dies sehr wichtig ist, denn in Zukunft werden immer mehr Menschen glauben, dass sie zu dieser Gruppe Kranker zählen. In diesem Buch kann ich nur darauf hinweisen, was Menschen passieren kann, die sich in den Apparat der Psychiatrischen Kliniken begeben, weil sie vielleicht Angst bekommen, weil sie Stimmen hören oder weil sie spüren, dass sie plötzlich ein anderes Denken haben, oder weil sie unsicher ob ihrer Persönlichkeit werden.

Bedenkt bitte, wer feinstofflicher wird, der ist auch den Gedankenschwingungen anderer Wesenheiten ausgesetzt. Wenn ihr immer wieder um Schutz und Licht bittet und es euch vorstellt, bleibt ihr auch ohne physischen und psychischen Schaden. Denn die Angst davor, dass sich dunkle Wesenheiten eurer bemächtigen könnten, die dahinter steckt, dürft ihr wieder loslassen.

Menschen, die unbewusste Handlungen der Gewalt vollbringen, benötigen zuerst einmal menschliche ärztliche Hilfe. Menschen, denen verstorbene Wesen das Leben zur Hölle machen können, sollten sich nach anderer Hilfe umsehen. Ist jedoch Gewalt im Spiel, sollte zunächst ärztliche Hilfe in Anspruch genommen werden.

Ich möchte übrigens den Medizinern auch gerecht werden. Sie tun das, was sie tun können, und sehr oft mit sehr viel Mitgefühl. Das ist bewundernswürdig. Sie könnten jedoch mehr tun, wenn sie allesamt endlich bereit wären, sich der geistigen Welt zu öffnen. Bisher sind es einfach zu wenige, die dazu bereit sind.

Wären sie alle bereit, sich den geistigen Helfern zuzuwenden, könnten sie ihren Patienten, auch den zurzeit aussichtslos scheinenden Fällen, wirklich helfen, gesund zu werden. Und um das zu erreichen, muss Ursachenforschung betrieben werden, und zwar bei jedem einzelnen Patienten. Also, liebe Ärzte der alten Schule, studiert jetzt einmal eine andere Möglichkeit, Menschen Hilfe zukommen zu lassen. Ich danke euch!

Doch bevor eine solche Möglichkeit entsteht, müssen die Bedrängten ein wenig Gottvertrauen entwickeln. Bis dahin werden sie höchstwahrscheinlich an Ärzte geraten, die ihnen zwar oft für eine gewisse Zeit Beruhigung bringen können, doch Heilung ist in dieser Form ausgeschlossen. Denn Geisteskrankheiten sprechen einen feinstofflichen Bereich an, und zur Heilung führt nur die Arbeit in diesem Bereich.

Ihr habt Medikamente entwickelt, welche diesen Menschen helfen sollen, in einem vorgefertigten Schema zu denken. Ihr habt dafür gesorgt, dass sie sich unter euch, die ihr euch geistig für gesund haltet, so schlecht fühlen, dass sie in tiefe Depressionen verfallen, aus denen kaum ein Weg in ein freudvolles Leben zurückführen kann. Sie sind kaum in der Lage, sich dem Druck der Gesellschaft anzupassen, und können kaum für sich selbst sorgen, weil sie immer mit ihren Gedanken bei ihrer Andersartigkeit sind, die ihnen von euch immer wieder bewusst gemacht wird. Das alles ist für einen Menschen sehr schwer zu ertragen.

Die wenigsten von ihnen sind wirklich geisteskrank. Und sollten diejenigen, die einfach nur anders sind, gewalttätig sein, so überdenkt doch einmal, wie ihr euch fühlen würdet, wenn man euch eure Identität rauben wollte und euch in den Augen der Menschen zu Angst machenden Monstern verwandeln würde!

Ihr dürft damit rechnen, dass sich die angebliche Krankheit immer mehr verbreitet. Die Einnahme von bestimmten Drogen unterstützt diesen Weg. Doch statt mit Medikamenten alles, was Menschsein ausmachen sollte, zum Stillstand zu bringen oder gar zu unterdrücken, wäre es wichtig, endlich Andersartigkeit, die euch gezeigt werden soll, zuzulassen und anzuerkennen, dass diese Menschen euch etwas zu sagen haben. Hört doch auf das, was sie euch sagen möchten!

Doch um auch denjenigen gerecht zu werden, die wirklich krank sind, möchte ich erwähnen, dass Hilfsgruppen von Menschen, die unter gleichen

Symptomen leiden, für eine kurze Zeit eine sichere Zufluchtsstätte sein können. Doch je länger das andauert, desto mehr besteht die Gefahr, neue Gettos zu schaffen. Hier sind die Menschen zwar unter sich, jedoch verhilft dies wohl kaum dazu, wieder Selbstbewusstsein zu erlangen, geschweige denn, sich in die Gesellschaft eingliedern zu können.

Meine lieben Menschenkinder, bitte versteht mich recht. Ich bin mir dessen bewusst, dass all das, was euch widerfährt, in den Bereich Erfahrungen gehört, dass ihr euer Leben höchstwahrscheinlich auch so oder sehr ähnlich zu leben gedachtet, doch einmal ist es soweit, dass eine andere Straße gegangen werden sollte.

Und die andere Straße sollten sowohl Patienten als auch gesunde Menschen gehen.

Wir alle wollen eine bessere Zukunft, die menschlicher in der Form ist, dass die Liebe wieder erfahren werden kann. Und daraufhin dürfen wir alle gemeinsam arbeiten. Und dazu müssen auch hin und wieder andere Straßen gegangen werden.

Nachdem nun ich mir einiges von der Seele reden durfte, bitte ich euch Menschen um Hilfe. Es ist so einfach, bitte akzeptiert jeden Menschen, der euch krank zu sein scheint, ob ansteckend, geisteskrank, körperlich behindert oder wie auch immer er euch begegnet. Sie alle sind Geschöpfe Gottes, die eine bestimmte Aufgabe erfüllen. Ist jemand unter euch, der weiß, warum es diese Menschen gibt und welche Aufgabe sie erfüllen sollen?

Zumindest möchte ich erst einmal den gesunden Menschen dazu verhelfen, ein liebevolleres, menschlicheres Denken zu praktizieren. Mensch sein – mit Liebe, die man weitergibt. Zur Liebe sind die Kranken meist häufiger fähig als die gesunden Menschen. Und bedenkt bitte, jeder von euch kann zu jedem Zeitpunkt erkranken und wird sich dann, wenn es ihn treffen sollte, freuen, liebevollen Menschen zu begegnen. So können wir doch alle zusammenwachsen.

Zur Veränderung der Persönlichkeitsstruktur, die aufgrund der neuen Energien stattfindet, die es mit sich bringen, dass immer mehr Menschen auch Stimmen hören, was meist in fremdgedanklicher Form erfahren wird, die ihnen Angst machen, möchte ich jetzt noch kurz Stellung nehmen.

Wenn du es bist, der diese Situation gerade erlebt, sei bitte beruhigt.

Durch die feineren Energien, die jetzt in Massen die Erde überfluten, wird alles, was sich dort befindet, gezwungen, seine niedrigen Energien mit den feineren zu mischen. Und allein dadurch geschieht es, dass ihr feinstofflicher werdet und euch den Wesenheiten öffnet, die feinstofflich sind. Und das bedeutet, dass ihr euch körperlich und geistig verändert. Ihr werdet offener im Empfangen von Botschaften aus den höheren Ebenen, und euer Bewusstsein wird immer weiter geöffnet. Das ist der Grund für eure Veränderung.

Ihr dürft entspannt und ohne Angst die Entwicklung, die euch selbst betrifft, und die Gesamtentwicklung abwarten, jedoch währenddessen selbst bei dieser Entwicklung mithelfen.

Eure Hilfe geschieht, indem ihr bewusster denkt. Wenn ihr bereit seid, eure Gedanken von den Situationen abzuziehen, die euch missfallen, so seid ihr bereits auf dem besten Weg, eine neue Welt zu erschaffen.

Bisher war die Erde ein Tummelplatz für Energien aller Art. Dunkle Machenschaften wurden aktiviert, mit eurer Hilfe, ihr Lieben. Indem die Energie der Gedanken auf etwas gerichtet wird, wird dieses gestärkt. Für eine lange Zeit war es genauso erwünscht. Wir alle wollten ausprobieren – doch nun ist diese Zeit vorüber. Die goldenen Zeiten haben begonnen. Ihr alle habt jetzt die Chance, es besser zu machen, als es euch auf Atlantis möglich war. Wir aus den geistigen Welten unterstützen euch dabei sehr. Doch ihr selbst seid ebenfalls dazu aufgerufen, die Gestaltung in Eigenverantwortung zu praktizieren. Ich kann euch nur dringend anraten, täglich eure Gedanken dahingehend zu überprüfen.

Ihr wendet den Nachrichten eure Aufmerksamkeit zu, denn ihr möchtet ja mitreden können und dazugehören. Für euch gehört es zur Allgemeinbildung, über all die „schrecklichen" Dinge informiert zu sein. Doch ihr könnt trotzdem eure Aufmerksamkeit abziehen, sobald euch diese Nachrichten zugeflossen sind. Selten nur bemerkt ihr, dass ihr dadurch in tiefere Schwingungsebenen gezogen werdet. Es kostet euch viel Kraft, wieder feiner schwingen zu können.

Einige von euch haben dies bereits begriffen. Sie verweigern sich der Aufnahme der betreffenden Nachrichten. Doch so erfahren sie nur sehr wenig über den momentanen Zustand der Menschheit und der Erde. Also scheint es angebracht, auch das zu kennen und die Entwicklung zu verfolgen. Ja, das ist es auch, meine lieben Mitschwestern und Brüder. Doch es ist auch notwendig, dass ihr anders mit den Mitteilungen umgeht. Jetzt und in Zukunft ist es einfach notwendig geworden.

Die Ereignisse sind momentan, wie sie sind. Versucht doch bitte, Mitgefühl zu entwickeln. Und dann zieht eure Aufmerksamkeit ab, um euch die bessere Zukunft vorzustellen – ohne Kriege und Leid für die Menschen. In Zukunft werden die Menschen, die auch weiterhin jene Erfahrungen der tiefsten Schwärze machen wollen, dies auf anderen Planeten tun müssen. Denn die Erde ist an dem Punkt angekommen, wo sie begonnen hat, zu streiken – die Erde, die ihr seht, und auch die Erde in ihrem inneren Bereich. Sie leidet erheblich. Es ist genug, sagt sie immer wieder. Wieso achten die Menschen so wenig auf die Aufschreie der Erde? Obwohl die Menschen, die ich hier frage, schon wieder so weit bewusst sind, dass sie die Sprache der Erde verstehen können, verschließen sie oft ihre inneren Ohren.

Hier möchte ich auch noch einmal auf das Leid von Tieren und, ja, auch auf das Leid von Pflanzen aufmerksam machen. Ihr esst noch Fleisch? Ohne euch jetzt Schuldgefühle einreden zu wollen, möchte ich euch doch bitten, dieses so schnell, wie es euch möglich ist, abzustellen. Ich weiß, dass jahrelange Ernährungsgewohnheiten selten über Nacht verschwinden. Doch auch bei dem Thema bitte ich euch, bewusster zu handeln. Um das Leid zu beenden, hilft es wenig, dem Fleisch oder dem gestorbenen Tier zu danken, meine Lieben. Es ist zwar eine Möglichkeit, die kurzfristig von Vorteil ist, jedoch langfristig die Situation wohl kaum verändern kann, oder sollte ich mich hier täuschen?

Nun möchte ich noch etwas zum Missbrauch, der den Pflanzen angetan wird, sagen. Ihr wisst sicherlich alle, dass Pflanzen gedüngt werden. Euch ist bekannt, dass dazu Chemikalien eingesetzt werden. Doch ist euch auch bekannt, dass ihr diese Chemikalien in den gesamten Erdenkreislauf einbringt, wenn ihr sie eurem System zuführt? Denkt an all die vielen Medikamente, die wirklich als überflüssig anzusehen sind. Ihr habt hier Industriezweige aufgebaut, die horrende Reichtümer scheffeln. Ich habe das Geld als wundervolle Energie in meinem Herzen und ich achte diese Energie sehr. Wie viel Wundervolles kann man mit Geld in eurer jetzigen Kultur erreichen! Doch dies ist wieder ein anderes Thema. Ich möchte euch bewusst machen, dass manche Industriezweige mittlerweile überholt sind. Man kann andere Mittel nutzen, um zu mehr Ertrag zu kommen, und man kann andere Mittel nutzen, um die Menschheit gesund zu machen und auch zu erhalten. Seht euch andere Kulturen dazu an. Erst wenn die sogenannten hochentwickelten Kulturen mit ihren Produkten eingreifen, sehe ich das Ungleichgewicht wachsen, sehe ich, wie andere alte Kulturen zerstört werden. Es ist vorbei, liebe Menschenkinder – es ist vorüber. Helft bitte alle mit, den Traum wahr werden zu lassen, den wir jetzt umsetzen können – alle gemeinsam mit vereinten Kräften.

Ich biete euch an, mit mir gemeinsam in eine Meditation zu gehen, die ich euch am Ende meiner Mitteilungen vermittle. Ich hoffe, ich sehe möglichst viele von euch dort wieder. Bleibt angstfrei, meine Lieben, ich bin weniger streng, als ihr dies annehmt. Ich liebe euch sehr, und ich danke euch, dass ihr meine Worte aufgenommen habt, die jedoch nur annähernd die Situationen beschreiben konnten, die ihr bisher durchlebt habt.

Ich versprach euch, etwas über meine Arbeit auf dem Weißen Strahl zu erzählen. Dies möchte ich jetzt tun. Seid ihr bereit, mir auch hier eure Aufmerksamkeit zu schenken?

Zunächst einmal ist es wichtig, dass der Weiße Strahl auch weiß bleibt, richtig? Dazu ist es notwendig, die Energie unter allen Umständen rein zu halten. Es ist wichtig, die Qualitäten, die mit diesem Strahl verbunden sind, zu unterstützen. Die Unterstützung geschieht durch Fokussieren, immer wieder mit Bewusstheit und tiefer Liebe zu allem, was ist, eine starke Energie zu entwickeln, die mir beim Fokussieren hilft. Dies hört sich vielleicht anstrengend für euch an, doch glaubt mir, liebe Menschen, ich tue dies mit tiefer Freude, und daher ist mir jede Aufgabe, die ihr oft mit dem Wort Arbeit belegt, eine Freude. Und Arbeit, die man mit Freude verrichtet, ohne Ehrgeiz zu entwickeln, also sie fließen lassen kann, ist wunder-, wunderschön.

Meine Arbeit beinhaltet ebenso, den Wesen, die auf dem Weißen Strahl auf die Erde reisen, immerwährende Hilfe zu geben, so sie gebraucht wird. Auch das ist Freude für mich. Natürlich gehört dazu auch, dass ich, sollten diese Menschen einzuschlafen drohen, auch immer wieder auftauche, um ihnen aus dem Schlaf zu helfen.

Mit den heutigen Ernährungsmöglichkeiten wird euch das „Einschlafen" sehr leicht gemacht. Die dunkleren Energien nutzen jede Möglichkeit, möglichst viele von euch aus dem Erwachensprozess herauszuholen. Ihr selbst wisst, wie viele Arten von Drogen die Industrie entwickelt hat. Auch pflanzliche Drogen sind hier gemeint. Denn ihr findet kaum reine Lebensmittel, die gefahrlos für Mensch und Tier sind, sobald sie deren physisches System betreten und so auch ins feinstoffliche System gelangen.

Zu diesem Thema haben einige geistige Lehrer bereits Vieles gesagt. Wenn ihr interessiert seid, so werdet ihr die richtigen Informationen finden, und so ist es euch schnell möglich, aus diesem Kreislauf auszuscheiden. Wenn ihr dies auch wirklich wollt. Doch die größte und gefährlichste Droge würde ich als die von jedem Menschen selbst entwickelte Gewohnheit bezeichnen. Zu unterscheiden sind hier die Gewohnheiten, die euch zum einen im geistigen und im körperlichen Bereich dienen, und zum anderen die Gewohnheiten, die euch in beiden Bereichen schaden. Was euch dient, pflegt durchaus weiter, was euch jedoch schadet, solltet ihr auf Dauer gesehen abstellen. Ich überlasse eurem eigenen Spürsinn, herauszufinden, was euch dient beziehungsweise was euch schadet.

Ihr sagt, der Mensch sei ein Gewohnheitstier. Dies klingt für mich ein wenig nach Entschuldigung, oder irre ich mich da? Was sagt ihr hier? Ich bitte euch, darüber einmal nachzudenken, und vielleicht möchtet ihr euch dann ja selbst beweisen, dass ihr ohne diese schädliche Droge auskommt.

Oh, wie viele Widerstände habt ihr dabei zu überwinden? Es ist eine Freude für mich, zu sehen, wie ihr damit umgeht und langsam beginnt, einen Widerstand nach dem anderen aufzulösen. Ich wünsche auch euch viel Freude dabei.

Weit mehr möchte ich euch noch sagen, doch das werde ich später in anderen Büchern tun. Erst einmal habe ich erreicht, was zum jetzigen Zeitpunkt für euch und für mich von großer Wichtigkeit ist. Ich danke euch allen, meine mir so sehr ans Herz gewachsenen Mitschwestern und Brüder. Ich umarme euch und freue mich jetzt auf unsere gemeinsame Meditation, bei der sicher auch weitere Informationen, auf jeden Einzelnen von euch abgestimmt, fließen werden.

Ich danke euch von ganzem Herzen für eure Unterstützung und eure Liebe, die ihr in die Welt mitbringt.

Seid gesegnet immerdar!

Erzengel Gabriel

Meditation

Bitte bereite dich so vor, wie du es immer gern bei Meditationen tust. Und, bitte, nimm dir Zeit für unser jetziges Zusammensein.

Ein warmes Kerzenlicht würde die Schwingung in deinem Raum weiter anheben. So tue, was dir einfällt, um es uns gemütlich zu machen. Ich meinerseits danke dir dafür von ganzem Herzen, und ich danke dir dafür, dass ich dein Gast sein darf, der dich in eine andere Welt, die voller Liebe ist, entführen wird.

Doch glaubst du, ein wenig ungeübt im Meditieren zu sein oder fühlst dich gar ein wenig ängstlich oder unsicher, so lasse mich dir sagen, dass du lediglich etwas Gemütlichkeit um dich herum verbreiten solltest. Gestalte den Raum um dich herum einfach so, wie du dich in ihm wohlfühlst. Trage bitte lockere Kleidung, lege dich hin und stimme dich auf mich ein, indem du ruhig und gleichmäßig zu atmen beginnst, ein und aus und immer wieder ein und aus. Ich trage dich weiter, bitte vertraue mir.

So bist du tatsächlich bereit, mit mir in die Meditation zu gehen. Ich freue mich unendlich darüber – ach, könntest du diese Freude doch nachempfinden, wie schön wäre das! Doch ich spüre, dass du auch ein wenig Freude empfindest, und das allein zählt – wie tief du sie auch immer fühlen magst, das Gefühl wird immer stärker in dir werden, je öfter du es annimmst. Ich liebe dich.

Atme bitte ruhig weiter und fühle, wie du immer entspannter wirst. Spüre das leichte Kribbeln, das durch deinen Körper geht, und lass geschehen, dass ich näher zu dir komme. Ich komme dir nur so nahe, dass dein Körpersystem mit Leichtigkeit die Kraft meiner Schwingung verkraften wird, sie wird dir sogar größeres Wohlbefinden schenken und dadurch wiederum unterstützend in deinem System arbeiten.

Stell dir nun vor, wie ich mit dir eine goldene Brücke erreiche. Der Weg dorthin wird von hellem Sonnenlicht bestrahlt. Ich gehe an deiner linken Seite und lege meine Hand auf dein Herz. Fühle, wie es warm durchströmt wird. Bitte nimm dir die Zeit, dies zu fühlen, und genieße es auch.

Vor der Brücke machen wir halt und schauen zurück. Was siehst du? Nimm alles in dich auf. Es ist alles möglich, denn deine Gedanken und dein Unterbewusstsein sind nun tätig. Lass die Bilder an dir vorüberziehen und dann gehen. Bitte vermeide, dich an dem einen oder anderen festzubeißen, selbst dann, wenn du Schmerz bei ihnen empfindest. Gestatte mir, dir dabei zu helfen. Lass alles gehen und bereite dich darauf vor, jetzt mit mir die Brücke zu betreten.

Wir gehen langsam, Schritt für Schritt, über die Brücke und erreichen nach kurzer Zeit eine Treppe, die zu einem wunderschönen Glaspalast hinaufführt. Dort erwartet uns Serapis Bey. Wir dürfen seine Gäste sein. Er begrüßt uns liebevoll und bittet uns, einzutreten.

Schau dich um, und nimm auch hier alles auf, was sich dir zeigt.

Hast du genug geschaut, führt Serapis Bey uns in einen wunderschönen Garten, der mit leuchtenden Blumen und vielen dir bekannten, jedoch auch unbekannten Pflanzen ausgestattet ist. Vögel zwitschern in den Bäumen, und es hat den Anschein, als ob eine leise Musik die Atmosphäre noch schöner macht.

Wir dürfen nun an einem großen, runden Tisch Platz nehmen. Dort befinden sich bereits Gäste, und schaust du genauer hin, so erkennst du vielleicht Menschen wieder, mit denen du auf der Erde bisher möglichst wenig zu tun haben mochtest, weil du immer wieder große Schwierigkeiten mit ihnen hattest. Doch die Schwingungen, die nun von Serapis Bey und mir über euch alle niedersinken und euch wie eine Schutzhülle umgeben, bringen für den Moment Frieden in eure Herzen, und, ja, spüre einmal hin, auch Liebe zu dir und den Wesen, die dir gegenübersitzen, ist in diesen wundervollen Schwingungen enthalten.

Serapis Bey ergreift nun das Wort und heißt euch alle als seine Gäste willkommen. Und ich schließe mich an, auch einige freundliche Worte einzubringen, die euch weiteren Frieden in eure Herzen bringen.

„Meine Lieben, ihr seid gekommen, und ich möchte jetzt mit euch Klarheit in die Beziehungen bringen, die euch auf der Erde so viele Schwierigkeiten bereiten."

Er spricht nun weiter und erklärt dir, worin die Schwierigkeiten bestehen, und eröffnet dir eine Sicht, aus der du erkennen kannst, dass die Schwierigkeiten ursächlich mit dir selbst zu tun haben – durch dein Weltbild, deine immer wiederkehrende Beurteilung des anderen, dem nun gestattet wird, auch einmal seine Sicht darzulegen.

Ich bitte dich, höre dir alles an, und dann rede du dir alles vom Herzen. Vermeide jedoch während der gesamten Zeit, in Schuldgefühle zu geraten. Sie sind überflüssig, wie dir ebenso erklärt wird. Ihr seid in gegenseitigem Einverständnis auf die Erde gegangen, um alle alten Geschichten aufzulösen und Frieden in eure Beziehung einkehren lassen zu können.

Genieße die Gespräche, denn hier wird ausschließlich in der großen Liebesschwingung gesprochen und gehandelt.

Wenn ihr mögt, dürft ihr auch ein wenig im Garten umherlaufen und miteinander reden, wobei ihr von mir und auch von Serapis Bey begleitet werdet.

Wenn du große Erleichterung in dir spürst und bereit bist, zurückzukehren, so bringe ich dich wieder zurück. Doch bitte erst dann, wenn das der Fall ist, denn so wird garantiert, dass der soeben erlebte Frieden in den Beziehungen auch auf der Erde eine große Chance hat, auf Dauer Wirklichkeit zu werden.

Du hast nun besser verstanden und kannst deine Gedanken immer wieder so gestalten, dass die friedliche Stimmung der soeben erfahrenen Situation in dir Platz nehmen und sich immer weiter ausdehnen kann.

Es ist an dir und nur an dir, diese Stimmung immer wieder herzustellen. Der wundervolle Nebeneffekt dabei ist, dass diese Stimmung schließlich auch bei dem anderen Menschen ankommt.

So sei gesegnet von Serapis Bey und von mir. Lass die Liebe, die du immer wieder in deinem Herzen verschließt, frei fließen. Gib ihr immer wieder eine Chance. Und wie ein Blatt im Winde mal hierhin und mal dorthin flattert, so werden sich die Schwingungen deiner Liebe zu allem auch an den unterschiedlichsten Orten und bei einer Vielzahl von Menschen niederlassen.

So gestaltest du fleißig den Weltfrieden mit.

In tiefer Verehrung bin ich immerwährend dein Engel
Gabriel

Die Angst des Menschen vor der Erfüllung seines Karmas

Nachdem euch nun Gabriel mit seiner wundervollen Energie umhüllt hat, bitte ich euch, mir wieder zu gestatten, euch auch mit meiner Energie umhüllen zu dürfen. Ich bin wieder da, meine Lieben, ich, Serapis Bey. Und da auch ich euch immer segne, wenn ich mit euch in Kontakt trete, so tue ich dies auch jetzt und bitte euch, in den Segen und in meine Energie hineinzuspüren. Dies dauert einige Minuten, genießt es bitte, wie auch ich es tue, denn wir sind uns in diesen Momenten sehr nahe.

Und so sei es.

Nun komme ich zu dem Thema, das so einigen Menschen ein wenig suspekt zu sein scheint. Es macht ihnen Angst: das Thema ***Karma***!

Und von einer unterschwelligen Angst, die Unwohlsein in das Körpersystem sendet, werden bei diesem Thema sogar Menschen erfasst, die bereits seit längerer Zeit sehr bewusst an ihrer spirituellen Entwicklung gearbeitet haben. Die Menschen, die an dieser Angst leiden, beginnen gerne, bereits vorhandenen Widerständen nachzugeben beziehungsweise einige aufzubauen. Bitte spürt in euch hinein, ob ihr bei dem Wort Karma Widerstände spürt, auch wenn sie noch so klein und leise sind.

Ich bitte nun jeden von euch, ob mit oder ohne Angstwiderstände, euch jetzt, wo ihr bereit seid, dieses Kapitel zu lesen, auch bereit zu erklären, mit mir gemeinsam das Thema Karma zu bearbeiten, und zwar während ihr das Kapitel lest. Dies ist eine Bitte, die ihr erfüllen mögt oder die ihr ablehnen dürft.

Überlegt euch eure Entscheidung gut, denn es ist eine wirklich große Chance, endlich dauerhaften Frieden in euch herstellen zu können. Doch bedenkt bitte auch, dass in jedem Falle ein Nacharbeiten notwendig sein wird. Es wird euch jedoch leichtfallen, da euch die Hintergründe bewusster sind und euch dieses Wissen auch eine innere Sicherheit gibt, die euch dann bei der endgültigen Auflösung unterstützt.

Für diejenigen, die nur zögerlich mitmachen wollen, sei auch erwähnt, dass, wenn sie lieber menschliche Hilfe zur Unterstützung dieser Prozesse in Anspruch nehmen möchten, eventuell auch, weil sie andernfalls sich selbst überfordert fühlen könnten, Menschen auf der Erde zu finden sind, die weiterhelfen können. Von der Seelenführung beider Parteien wird in diesem Falle Unterstützung gewährt, und die Menschen werden zueinander finden.

Sind eure Widerstände jedoch sehr groß, so werdet ihr die betreffenden Menschen zunächst oder sogar für eine längere Zeit oder auch ganz ablehnen. Im Falle der völligen Ablehnung wäre auch hier wieder ein Karma zu überprüfen. Ja, meine Lieben, in der Neuen Zeit geht es wirklich bis in die tiefsten Tiefen eures Gesamtkörpersystems!

Der Grund meiner Bitte ist der, dass ich bei jedem von euch, auch bei denjenigen, die schon karmisch an sich gearbeitet haben, immer noch alte karmische Verstrickungen wirken sehe, die euer Leben beeinflussen und euch immer wieder in niedrige Schwingungsebenen ziehen.

Die hartnäckigen karmischen Verbindungen werden zwar immer wieder in vielen unterschiedlichen Situationen erlebt, danach jedoch einfach ignoriert. Obwohl man meinen könnte, euch müsste doch auffallen, dass hier noch Karma-Arbeit ansteht, scheint es wohl anders zu sein, denn so viele Menschen gehen darüber hinweg. Es scheint im Moment noch so zu sein, als ob die Menschen, und gerade die spirituell erwachten Menschen, in einer Sicherheitszone leben wollen und jeden Kontakt mit zwischenmenschlichen Schwierigkeiten als höchst unangenehme Störung empfinden, aus dem sie sich immer wieder zurückziehen und so eine Klärung der Situationen auszuschließen suchen. Erkennt bitte, dass es sich dabei um Widerstände handelt.

Die betreffenden Menschen möchten ihre diesbezüglichen Aufgaben, die sie sich auf höheren Ebenen selbst gestellt hatten, auf der irdischen Ebene lieber den Engeln zur Erledigung übergeben und haben dies auch immer wieder getan. Denn sie glauben, dass sie auch auf der Erde (in höheren Ebenen ist dies bereits geschehen) dadurch befreit sind und ihnen nur noch wunderschöne und leichte Aufgaben zufallen, die sie dann auch mit Freude erledigen würden. Ach, wäre dies nur so!

Ich empfinde euer Vertrauen in unsere Liebe ja als wunderschön, und es ist sehr nett von euch, meine Lieben, gerade uns diese Aufgabe übertragen zu wollen, denn so zeigt ihr uns, dass ihr doch davon ausgeht, dass dann alles gut wird.

Ich möchte euch dazu ein Beispiel geben.

Stellt euch einmal vor, ein Schulkind würde mit der Bitte an euch herantreten, seine Hausaufgaben von euch erledigt haben zu wollen. Wie würdet ihr reagieren?

Euch ist bewusst, dass das Schulkind diese Aufgabe selbst erfüllen sollte, denn andernfalls könnte es sein, dass dem Kind in seiner Ausbildung womöglich etwas fehlt. Natürlich, die Lösung der Aufgabe würde in seinem Bewusstsein fehlen. Für seine Zukunft könnte dies bedeuten, dass eine Wissenslücke in ihm entstanden ist, die ihn für weiterführende Aufgaben ungeeignet macht. Ihm fehlt bezüglich der Aufgabenlösung die nötige Qualifikation. Und stellen wir uns einmal die Zukunftsgestaltung dieses Kindes etwas drastischer vor, so könnte dies sogar bedeuten, dass es auch im Erwachsenenleben in der Phase eines Hilfe suchenden

Schulkindes steckenbleiben und somit auch den anstehenden, weiterführenden Aufgaben hilflos gegenüberstehen würde.

Wir alle hören eure Hilferufe immer wieder, unsere Aufgabe ist es dann jedoch, euch Sicherheit zu vermitteln, die euch suggerieren sollte, dass ihr selbst in der Lage seid, eure Hausaufgaben zu machen. Und das tun wir. Bewusst erkennen werdet ihr das, wenn ihr eure Widerstände überwunden habt.

Ihr hört immer wieder, dass ihr auf dem Meisterweg seid. Das ist wahr, doch ein Meister geht mit den Situationen, denen er begegnet, wie ein Erwachsener um. Und ein Meister lernt auf seinem Weg der Meisterschaft, für alle Aufgaben, denen er begegnet, eine Lösung zu finden. Er macht seine Hausaufgaben selbst, auch dann, wenn er glaubt, dass er sie hätte besser machen können. Situationen, die er zur Übung benötigt, um nach seiner Vorstellung eine bessere Lösung finden zu können, erreichen ihn immer wieder. Und auf diese Weise wächst er in seine Meisterschaft hinein.

Und, ihr Lieben, die sich hier angesprochen fühlen, ihr bekommt Hilfe und Unterstützung, jedoch achten wir und auch die Menschen, die euch weiterhelfen können, darauf, dass ihr eure Hausaufgaben selbst erledigt und vom Schulkind zum Erwachsenen werdet, der auf dem von ihm selbst ausgesuchten Weg auch allein weitergehen kann. Wir alle helfen euch, Sicherheit bezüglich eures Handelns zu erlangen. Dies war einst auch euer eigener Wunsch, den wir ebenfalls unter allen Umständen zu achten und zu erfüllen haben.

Der ganze Sinn einer Betreuung sollte doch der sein, dass eines Tages die Betreuung überflüssig wird. Und wir geistigen Wesen arbeiten auch gerne erfolgreich. Würden wir euch die Aufgabe der Karma-Auflösung auf der Erde abnehmen und sie für euch erledigen und euch somit auf der irdischen Ebene vom Karma befreien, würden fast alle von euch wieder in das gewohnte Denkverhalten zurückfallen, ja, was sage ich, in diesem Verhaltensmuster bleiben, was euch schließlich immer wieder in die altbekannten Situationen führen würde, die ja nun Vergangenheit sein sollten.

Und da sich die Katze in diesem Falle in den Schwanz beißt, wie ihr so schön sagt, seid ihr selbst zur bewussten Entwicklung auch dieses Kapitels eurer Aufgabenstellung aufgerufen. Es ist wichtig, dass ihr euch der Hintergründe bewusst werdet und so eure Gedankenmuster durchbrechen könnt, um anderen Gedanken, nämlich verständnis- und liebevollen Gedanken, Raum zu verschaffen. Denn nur klare Bewusstheit bezüglich aller Situationen, die euch begegnen, bringt euch weiter.

Und Liebe, die fließen will, ohne unterschwellig gehemmt zu werden, benötigt von euch, jedem Einzelnen von euch, Hilfestellung. Und eine der wichtigsten

Hilfestellungen, die ihr geben könnt, ist die Erforschung eurer selbst und somit die Erforschung der Situationen, die euch begegnen, was euch Bewusstheit verschafft und hilft, mit euren neuen Gedanken an den Gebäuden der Liebe weiter zu bauen.

Und wie alles, was ihr tut, Auswirkungen auf alles hat, so werden sich auch durch die Karma-Auflösung eure Umwelt und die Beziehungen zu den Menschen insgesamt liebevoller gestalten und letztendlich alles um euch herum in dauerhafte, friedvolle Stimmung verändern.

Ihr wollt Frieden auf der Erde? So beginnt, ihn in euch einziehen zu lassen. Seht, meine Lieben, ihr wollt alles schön und gut haben. Das ist auch schön und gut. Doch habt ihr noch Angst vor euch selbst, wie kann dann das Schöne und Gute bei euch Manifestation erfahren? Ihr deckt zu, was ihr euch weigert zu sehen. Ja, seid ihr denn Monster, vor denen ihr Angst haben müsst?

Dabei ist die Erforschung seiner selbst, und erst recht im karmischen Bereich, eine so große Freude, dass ihr diese Arbeit in schnellster Zeit erledigen könntet, ließet ihr euch von der Freude leiten!

Freude an allem haben zu können, ist wunderschön. Doch den Menschen scheint es immer wieder zu misslingen, dieses wunderschöne Gefühl zu erfahren. So finden sie bei jeder Freude, die sie zu überwältigen droht, eine Möglichkeit, einen Schlupfweg, um aus dem wunderschönen Gefühl herauszukommen. Oder gibt es jemanden, den ihr kennt, der sich wirklich völlig in die Freude hineinbegeben kann?

Vielleicht können es noch die kleinen Kinder, die ihre Ursprünglichkeit noch leben. Doch da sind die Erwachsenen in der Nähe, die der Freude sofort wieder Einhalt gebieten, und sei es nur dadurch, dass sie sich einreden, es könnte dem Kind etwas geschehen, was mit Schmerz – Erfahrung zu tun hat. Und so lernt das Kind sehr schnell: Freude zu leben, ist mit Gefahren verbunden. Dies ist natürlich wieder nur ein einziges Beispiel. Ihr selbst kennt sicher Dutzende solcher Beispiele.

Hier könnten wir jetzt davon ausgehen, dass das Kind, statt Spaß zu haben, dazu angehalten wird, seine Hausaufgaben zu machen. Der Weg scheint vorgeschrieben, so wie er Jahrtausende lang von den Menschen gegangen wurde. „Freude muss unterdrückt werden, weil das Leben einen ernsten Hintergrund hat. Das Leben ist eine Schule, die ernst genommen werden will. Freude ist dort fehl am Platze."

Und doch, ihr Lieben, was tut ihr alles, um dem ernsten Leben zu entgehen, und doch noch wenigstens ein bisschen Freude zu erhaschen! Übersteigt ihr jedoch das menschengemachte Maß, so werdet ihr von anderen verurteilt, und zwar sehr heftig. Und doch, meine Lieben, ihr habt die Erinnerung in euch wachgehalten, dass es im Leben auch Freude geben muss und vor allen Dingen darf.

Bravo, so soll es sein!

Doch bevor ihr überhaupt dauerhaft tiefgehende Freude in eurem Leben empfinden könnt, ist es notwendig, einige Denkstrukturen zu verändern, wie zum Beispiel die Verurteilungsstruktur, die wir nun als erstes erlösen wollen.

Jeder von euch weiß, wie es sich anfühlt, verurteilt zu werden beziehungsweise andere Menschen zu verurteilen. Jeder weiß, wie es sich anfühlt, Situationen zu beurteilen. Doch was die meisten von euch dabei gerne übersehen, ist, dass ihr alle nur einen kleinen Teil des großen Ganzen in eure Beurteilung einfließen lassen könnt, weil ihr ja nur diesen kennt, solange euch der Gesamtüberblick fehlt. Und der Gesamtüberblick fehlt euch so lange, wie ihr nur mit eingeschränktem Bewusstseinsstand arbeiten könnt. Trotz des immer weiter werdenden Bewusstseins von vielen Menschen ist es doch noch immer so, dass auch sie nur eingeschränkt beurteilen können.

Eure Beurteilungen von Situationen und auch Menschen können immer nur im Rahmen eurer Denkstruktur und eures Weltbildes erfolgen; und das – wie – gesagt schränkt euch entsprechend ein. Ihr urteilt nach den Vorstellungen, die ihr vom Leben habt.

Und da jeder eine andere Vorstellung vom Leben hat, so lässt sich leicht daraus schließen, solange ihr dem anderen seine Vorstellung vom Leben streitig macht, dass es wahre Gerechtigkeit auf der Erde wohl kaum geben kann. Und so wirkt das Gesetz: Was ihr sät, das erntet ihr auch, fleißig weiter. Und die meisten Menschen erkennen sich selbst nur selten in dem, was ihnen spiegelbildlich von anderen Menschen und von den Situationen, die sie erleben, gezeigt wird.

Und so bitte ich euch jetzt, so oft wie es euch möglich ist – möglichst an einigen Tagen in der Woche – zu überdenken, was euch an Situationen begegnet ist, die euch ärgerlich oder auch traurig gemacht haben. Und wenn ihr dies ein wenig geübt habt, wäre es schön, wenn ihr euch dies zur Gewohnheit machen würdet.

Um noch einmal auf das Thema Be- und Verurteilen zurückzukommen: Das, was ihr als böse und dergleichen bezeichnet, hat tief verborgene Ursachen, die mit sehr viel innerem Schmerz zu tun haben. Diese gilt es zunächst anzusehen, bevor wir den nächsten Schritt in der Erkenntnis eurer selbst tun sollten, denn in euch allen sind auch diese Erfahrungen gespeichert. Und da wären wir wieder beim Thema Karma.

Na, hat euch das, was ihr bisher zu diesem Thema gelesen habt, angstfrei gemacht? Wie ich sehe, ist die Angst noch da.

Gut, dann will ich euch mit etwas vertraut machen, was man das menschliche Mitgefühl nennt. Ja, glaubt ihr denn, dass ihr es bereits bei allem, was euch begegnet, habt? Und wie ist es bezüglich eurer eigenen

Person? Empfindet ihr manchmal Mitgefühl für euch selbst, oder geht es eher in die Richtung Selbstmitleid oder gar Selbstverurteilung?

Dass wir in den höheren Ebenen euch bei allem, was ihr tut, mit Wohlgefallen und Mitgefühl und übergroßer Freude sehen, haben wir euch immer wieder gesagt. Ihr glaubt dies allerdings allzu oft, wenn überhaupt, nur kurzfristig, und das hat damit zu tun, dass ihr glaubt, schuldig geworden zu sein. Ohne Frage, das seid ihr nach eurem menschlichen Denken.

Bei genauer Betrachtung jedoch erkennt man, dass Schuld nur so lange bestehen kann, wie sich der Mensch weigert, Verantwortung für seine Taten zu übernehmen. Dass der Mensch die Situationen, die er erfährt, selbst kreiert hat und somit die Verantwortung dafür zu tragen hat, weiß schließlich – zumindest tief in seinem Inneren – jeder selbst. Und die Ablehnung dieser Eigenverantwortung lässt schließlich jeden schuldig werden.

Schuld anzunehmen, bedeutet, die Verantwortung zu übernehmen, und zwar für alle Taten. Dadurch geschieht Bewusstmachung, es entsteht Klarheit, Bereinigung und schließlich die Ablösung. Und zugleich überwindet man auch einen großen Teil seiner Angst vor Bestrafung.

Und jetzt möchte ich euch erleichtern, die bedrückenden Schuldgefühle abzulegen. Indem ich euch zunächst einmal bitte, die Verantwortung für alles, was ihr tut oder bereits getan habt, zu übernehmen.

Na, wer wird denn da grollen und wieder mit dem Finger auf die anderen zeigen?! Schaut euch die Geste einmal genauer an und erkennt, wer mit einem Finger auf andere zeigt, der zeigt gleichzeitig mit dreien seiner Finger auf sich selbst.

Jede Tat hat einen Auslöser, und jede Tat gebiert neue Taten. Eure Aufgabe ist es nun, eure Taten so zu gestalten, dass es euch leichtfällt, Verantwortung für sie zu übernehmen. Und so bereite ich auf das vor, was in Kürze auf eurem Planeten geschehen soll.

Licht, Frieden und Liebe werden die Pfeiler sein, auf denen das irdische Leben ruht.

Dass der Plan von einigen Menschen, die zurzeit noch anderen Kräften dienen, angstvoll beargwöhnt wird, solltet ihr euch allerdings bewusst machen, und dass diese Menschen immer wieder Hindernisse aufbauen werden, ebenfalls. Und da diese Hindernisse zu gern in das Karma-Geschehen eingebaut werden, habe ich euch hiermit einen weiteren Grund genannt, warum Karma-Auflösung so wichtig ist.

Seht, der Plan dient dem Wohle aller Beteiligten, doch wird dies von manchen Kräften anders gesehen, denn sie fühlen sich dadurch in ihrer Existenz bedroht. Noch benötigen sie einige Zeit, um auch auf Frieden und Liebe umprogrammiert werden zu können. Und noch werden diese Kräfte für einige Zeit auch auf der Erde wirken können. Es ist wichtig, dass ihr darum wisst, es akzeptiert und loslasst und sofort damit beginnt, euch dem Wirken dieser anders denkenden Kräfte zu entziehen.

So sei es.

Fassen wir jetzt einmal zusammen, was bisher an gravierendsten Hindernissen für die heißersehnte Verwirklichung des Planes von uns allen erkannt wurde. Ich gehe davon aus, dass ihr alle die Hindernisse auch erkannt habt.

Dies sind: fehlende Karma-Auflösung, Be- und Verurteilen, Schuldgefühle, Ablehnung von Eigenverantwortung. Fehlt noch etwas? Ja, doch das ist ein Thema, das ich später besprechen werde. Es geht dabei um euer eingeschränkt arbeitendes Bewusstsein, für das ihr zum größten Teil auch die Verantwortung zu tragen habt. Doch darüber jetzt zu sprechen, würde uns zu weit vom momentanen Thema abbringen.

Wenn es euch leichtfallen würde, so würde ich euch jetzt bitten, als erstes alle Schuldgefühle an die himmlischen Helfer abzugeben, und zwar dauerhaft, und dies in euer Bewusstsein einzugravieren. Doch eure Gewohnheit, euch immer wieder schuldig fühlen zu müssen, würde euch sehr wahrscheinlich ganz schnell wieder in Situationen bringen, aus denen ihr dann wiederum mit Schuldgefühlen hervorgeht.

Ihr könntet auch diese immer wieder neu auftauchenden Schuldgefühle an die Engel abgeben, dies wäre ein Weg, sich von ihnen zu lösen. Doch es scheint ein gegenteiliger innerer Drang in euch zu wirken, der zumindest bisher immer noch gesiegt hat. Und da es ja immer mehrere Wege gibt, etwas aufzulösen, wählen wir jetzt einmal einen von mir vorgeschlagenen Weg. Und dieser bedeutet: Bewusstmachung der Ursachen.

Also sehen wir uns jetzt an, was es ursächlich sein könnte, das euch so sehr in eurem Schulddenken gefangenhält.

Wie kann dies praktisch geschehen?

Zunächst stelle ich die Fragen: Was könnt ihr denn so Schlimmes getan haben, das eine so große Angst in euch hervorruft, wenn ihr es ansehen sollt? Wofür fühlt ihr euch so schuldig, dass es schon an Suchtverhalten grenzt, immer wieder Situationen zu kreieren, die bewirken, dass man sich schuldig fühlen kann? Ihr wisst selbst, dass die Situationen immer wieder andere Gesichter haben. Hier lebt ihr ein großes Potenzial eurer Kreativität. Beachtlich, wenn man bedenkt, was ihr mit diesem Potenzial alles anfangen könntet!

Ich habe euch schon von Atlantis berichtet, doch es gibt noch andere, sehr alte, verdrängte Geschichten in eurem Unterbewusstsein, die für euch so endeten, dass ihr beschlossen habt, eure Schuld von nun an immerwährend zu sühnen. Bei jeder Geschichte habt ihr euer Versprechen euch selbst gegenüber erneuert und weiter gefestigt. Und so habt ihr auch Leben gelebt, in denen ihr euch Schuld aufgeladen habt. Dies ist die menschliche Sicht, was ich wieder einmal betonen möchte.

Um Schuld leben zu können, habt ihr euch alle möglichen Rollen ausgedacht, die ihr hervorragend gespielt habt. Und erstaunlicherweise kann man in jeder Rolle etwas leisten, das schließlich Schuld produziert. Also, ob ihr Kaiser, einfacher Familienmensch oder Bettelfrau gewesen seid, ihr habt immer Möglichkeiten gefunden, euch schuldig fühlen zu können.

Nun gibt es ja auch in dem Gefühl der Schuld unterschiedliche Grade, die erlebt werden können. Hier möchte ich euch mit den größten und am stärksten wirkenden Schuldgefühlen konfrontieren. Das ist die große Schuld des Fluches, der über andere verhängt wird und dann mit niederschmetternder Kraft den trifft, der ihn ausgesandt hat, weil er wie ein Bumerang wirkt. Und je mehr Hass ihr dem Fluch beigemischt habt, umso mehr wirkt er bei euch selbst.

Einen Fluch auszusenden, bewirkt letztendlich, dass man in sehr, sehr tiefe Schuldgefühle katapultiert wird, die jedoch sofort ins Unterbewusstsein verwiesen werden. Das tut ihr mit einem mechanischen Vorgang selbst, der jedoch so sehr mit Hass belegt ist, dass euch die Tat entgeht, da ihr euch auf das Gefühl des Hasses konzentriert habt.

Da ihr alle diese Erfahrungen in eurem Unterbewusstsein vorrätig habt, können wir sie nun gemeinsam auflösen. Auch diejenigen von euch, die bereits an der Auflösung bestimmter Flüche gearbeitet haben, dürfen sich jetzt noch einmal mit uns allen gemeinsam an ihr beteiligen. Ihr sagt doch oft: Doppelt hält besser.

Was jedoch immer wieder passieren kann, ist, dass ihr in einer persönlichen Rückschau mit weiteren Flüchen konfrontiert werdet, die ihr zwar pauschal aufgelöst habt, die eure Seelenführung jedoch als ungelöst in einer Art Sicherheitsverwahrung aufgehoben hat und die ihr eines Tages in der dazugehörenden Rückschau bewusst anzusehen habt, um den Schaden erkennen zu können, der allgemein durch das Aussprechen des Fluches angerichtet wurde.

Dass hierzu ein schon weiter entwickeltes Bewusstsein nötig ist, dürfte euch klar sein. Und ein solches Vorgehen ist dann sinnvoll, wenn ihr immer wieder bedenkenlos zu Flüchen greift, sie aussprecht, um euch scheinbar eine Situation vom Halse zu schaffen. Doch wie es so ist, holt euch die Situation dann erst recht wieder ein. Praktisch betrachtet, könnte in einer Formulierung ein „Verdammt" oder sogar noch deutlicher „Verflucht" stecken.

Diese Worte werden wohl sehr von euch geliebt. So scheint es jedenfalls zu sein. Denn ihr benutzt sie auch, wenn ihr ganz banal über das Wetter oder andere Situationen sprecht, die euch im ganz normalen Alltag Gesprächsstoff liefern. Zum Beispiel: „verdammt schönes Wetter heute" oder eine andere Situation: „verdammt schöner Film, Arbeit, Frau" oder usw. Ihr dürft gerne selbst beobachten, ob und wann ihr diese Worte auch gerne benutzt. Oft werden sie auch in freudvollen Situationen und Begegnungen angewandt. So wird sogar das Gefühl der Freude von euch durch die Benutzung eines dieser beiden Wörter beschnitten.

Und so wendet ihr in Situationen, die ihr für unbedeutend haltet, Flüche an, in der Absicht, die vom Unterbewussten gesteuert wird, dass euch diese Tat eines Tages bewusst wird.

Und wer mit der Bedeutung und den Auswirkungen der Sprache vertraut ist, dem sollte dies erst recht aufgefallen sein. Ihr allerdings, wenn es euch aufgefallen ist, bewertet einen solchen Sprachgebrauch als unbedeutend und nicht so schlimm.

Doch jeder Fluch, ob mit Hass oder ohne angewandt, wirkt sehr tief in euch und festigt die mit Hass beladenen Flüche mehr und mehr. Und so bitte ich euch, achtet auf das, was ihr sagt. Immer! Denn auch das ist ein weiterer Schritt in die Richtung unseres gemeinsamen Ziels.

Wenn die ausgesprochenen Flüche in eurem feinstofflichen Körpersystem und vor allen Dingen in eurem Unterbewusstsein neutralisiert sind, so werden die Schuldgefühle auch weniger. Ihr werdet dies sogar sehr deutlich auch körperlich spüren. Ihr werdet dadurch gerader aufgerichtet gehen können, und auch andere Beschwerden, wie zum Beispiel Atemnot oder leichtere Herzbeschwerden, werden sich nach und nach von euch verabschieden. Es sei denn, dass die

Erkrankungen schon sehr weit vorangeschritten sind, denn dann sind außerdem noch andere Dinge, die feinstofflich große Auswirkungen haben, zu beachten und zu heilen.

Am Ende dieses Kapitels gehe ich mit euch wieder in eine Meditation, in der wir gemeinsam das auflösen werden, was ihr bereit seid, gehen zu lassen.

Flüche verursachen die stärksten Schuldgefühle, und gleich danach wirken die Schuldgefühle, die dadurch ausgelöst wurden, dass ihr, bisher unbewusst, glaubtet, eure Aufgaben, wenn überhaupt, nur sehr eingeschränkt erfüllt zu haben. Und die heftigsten diesbezüglichen Schuldgefühle haben mit Aufgaben zu tun, die ihr als Priester oder Priesterinnen zu erfüllen hattet. Ich nenne euch hier so, obwohl ihr in anderen Kulturen andere Berufsbezeichnungen hattet, die jedoch ebenso mit „göttlichen“ Aufgaben zu tun hatten. Da einer diesbezüglichen Aufgabenstellung in höheren Ebenen immer auch eure Zustimmung zuteil wurde, war dies für euch und eure Seele ein Versprechen, das für euren Lebensweg richtungsweisend war beziehungsweise ist.

Wird nun das Versprechen gebrochen, so hinterlässt das wirklich sehr große Schuldgefühle. Doch im Zuge dessen, was ihr erfahren wolltet, können wir davon ausgehen, dass ihr, wenn ihr bereits heftige Schuldgefühle in euch getragen habt, hier wiederum eine stärkere Manifestation erreichen wolltet.

Da Schuldgefühle gerne verdrängt und ins Unbewusste abgelegt werden, müssen sie durch bestimmte Situationen immer heftiger werden, um irgendwann so bewusst zu sein, dass sie aufgelöst werden können. Es ist nun einmal so, dass die Strukturen, die einst auch von euch mit angelegt worden sind, auf diese Weise arbeiten. Wie viel irdische Zeit ihr benötigt, um die unbewussten Vorgänge in euch erkennen zu können, gehört zu eurer eigenen Zeitplanung und dem, was ihr alles an Erfahrungen machen wollt, dazu.

Und so kommen wir vom Thema Schuld auch endlich zu eurer Angst vor der Karma-Auflösung. Ja, meine Lieben, in eurer unbewussten Vorstellung, die bei einigen von euch sogar schon bewusst geworden ist, sieht es so aus, als ob ihr doch sehr schuldig geworden seid. Ihr habt große Angst davor, euch selbst anzusehen, wie ich bereits erwähnt habe, weil ihr die Situationen beurteilt. Hier holt euch ein: Was man anderen antut, das wird einem irgendwann auch selbst angetan. Somit könnten wir jetzt davon ausgehen, dass ihr sehr wohl wisst, wie sehr andere Wesen durch eure Handlungen leiden.

Doch wisst ihr auch, ob sie leiden wollten, eine diesbezügliche Erfahrung machen wollten und ihr ihnen dabei lediglich geholfen habt, diese machen zu können? Dies ist schon in dem Bewusstsein geschehen, dass ihr selbst auch zu irgendeinem Zeitpunkt eine ähnliche Erfahrung zu machen habt, doch eure Liebe zu dem Wesen, dem ihr helfen wolltet, die auf höheren Ebenen frei fließt, war so groß, dass ihr für sie zu den schlimmsten Taten bereit wart.

Doch da auch der Täter Erfahrungen gemacht hat, während er die Tat beging, ist beiderseitig Erfahrung möglich geworden. Und wer in dem einen Fall Täter war, der war im anderen Fall eben Opfer. In einem anderen Leben war dies vielleicht umgekehrt, oder die Rolle wurde wiederholt oder, oder, oder.

All die schlimmen Erfahrungen sollten und konnten gemacht werden, weil sich die Erde für dieses Spiel zur Verfügung gestellt hat. Und seht, sie hat sich sogar daran beteiligt. Die universellen Gesetze sind ja auch so ausgerichtet, dass ihr auf der irdischen Ebene begreifen sollt, was ihr tut und welche Auswirkungen dies auf alles hat.

Die ganze Erfahrungsgeschichte hat mittlerweile so immens viele Gesichter angenommen, dass sie kaum alle angesehen werden können. Denn ihr habt auch auf anderen Planeten oder an anderen universellen Orten Erfahrungen gemacht, und die Zeit auf der Erde würde kaum ausreichen, all diese Karmageschichten aufzulösen. Darum kümmert euch, wenn ihr dazu bereit seid, doch um die Geschichten, die euch im jetzigen Leben Auswirkungen zeigen. Die anderen Geschichten dürft ihr gerne zu späteren Zeiten auflösen, und es ist auch möglich, dass sie hier bei mir aufgelöst werden können.

Die Angst vor der Bewusstmachung dessen, was ihr eventuell angerichtet habt, dürft ihr loslassen, denn, wie gesagt, bewertet wird ausschließlich von euch. Und begebt ihr euch zu mir, auf die Ebene, auf der ich euch erwarte, so betrachten wir gemeinsam all das, was ihr auf der Erde geleistet habt. Und ihr seid es auch hier, die sich selbst bewerten und dies auch fleißig tun. Ich bin dann derjenige, der euch mit Liebe umhüllt und euch bekannt macht, aus welch tiefen Liebesgefühlen heraus ihr gehandelt habt und was ihr dadurch dem anderen Menschen an Wachstum ermöglicht habt. Denn das wird von euch gerne übersehen.

Ich möchte euch sagen, dass alles seine Richtigkeit hat und jeder von euch ein großartiges Wesen ist, das unendlich geliebt wird. Denn bedenkt bei allem, was ihr tut, dass die Erfahrungen auch dem Göttlichen dienen. Und während ihr immer bewusster werdet und bewusst überblicken könnt, welche Auswirkungen eure Taten haben, könnt ihr sie jederzeit so gestalten, dass sie zum Wohle aller Beteiligten wirken können und ausschließlich der Liebe dienen, so wie ihr Liebe versteht. Bedenkt bitte auch, dass eure Taten, auch wenn sie noch so schlimm für euch oder andere waren, dazu dienen sollten, zu erkennen, dass die reine göttliche Liebe das größte und schönste Geschenk ist, was es wieder anzunehmen gilt.

Ich möchte euch noch einmal darauf hinweisen, dass ihr, wenn ihr selbst vielleicht unsicher seid, euch vielleicht auch von Menschen helfen lasst, die wissen, worauf zu achten ist, wenn ihr euer Karma auflösen oder auch die Nacharbeit erledigen möchtet.

Ihr erfahrt in jeder Weise Hilfe, wenn ihr bereit seid, euch auch in dieser Richtung weiterzuentwickeln. Und so könnte jeder von euch als Einzelwesen den Weg vorangehen und auch dadurch schließlich noch im jetzigen Leben unser gemeinsames Ziel erreichen helfen und es durch sein befreites Vorleben, dem die alten hinderlichen Strukturen dann fehlen, anderen Menschen ermöglichen, in seine Fußstapfen zu treten.

Und wer sagt nun, dass er noch Angst davor hat, sich selbst anzusehen? Meine Lieben, ihr dürft davon ausgehen, dass ihr alle dies nun ohne Angst tun könnt, weil ihr die Beurteilung aus dem, was ihr getan habt, entfernt. Und so könnt ihr auch endlich dem Schmerz, den ihr bei der Erfahrung gespürt habt, noch einmal erlauben, sich bemerkbar zu machen, um ihn dann verabschieden zu können. Die ursächliche Erfahrung ist lange vorüber. Es ist für euch Vergangenheit. Und so wie ihr euren Wohnbereich immer wieder aufräumt, so tut dies doch bitte auch mit eurem Inneren.

Seid ihr erst einmal bewusster in der Erkenntnis, dass jeder von euch Erfahrungen in alle Richtungen gemacht hat, so fällt es euch auch leicht, sagen zu können: Wer weiß, warum der Mensch dies gerade getan hat! Und wenn ihr erst einmal so denkt, so werden die niedrig schwingenden Erfahrungen und Denkstrukturen von euch durchbrochen und wir sind wieder näher an unser Ziel herangekommen, denn jeder Gedanke von euch hat Auswirkungen auf alles, was ist.

Ich denke, meine Lieben, ihr habt nun einen Überblick bekommen, der euer Bewusstsein um ein Vielfaches erweitert hat. Und in diesem Wissen gehen wir nun in die Meditation, meine Lieben. Seid ihr bereit?

Ich bin an eurer Seite.

Serapis

Meditation

Wenn ihr mögt, vollzieht bitte wieder das euch liebgewordene Ritual, welches ihr gerne vor einer Meditation ausübt. Da diese Meditation ein wenig länger dauern wird, bringt bitte auch ein wenig mehr von eurer Zeit ein.

Seid ihr soweit, dann spürt bitte auch wieder in meine Energie hinein und fühlt mich an eurer linken Seite stehen. Fühlt die Liebe, die ich euch sende.

Dann macht euch bitte gedanklich bereit, mit mir zu dem Ort zu gehen, an dem ihr alles von euch loslösen könnt, was euch in eurer Entwicklung hinderlich scheint und was ihr zum jetzigen Zeitpunkt auch wirklich loslassen möchtet. Tut dies bitte in dem Bewusstsein, dass ihr euch damit bis ins Innerste reinigen könnt.

> Bitte beginnt jetzt wieder zu atmen, ein und aus, ein und aus, ein und aus, und atmet so lange im gleichen Rhythmus, bis ihr euch sehr entspannt fühlt.
>
> Und jetzt erlaubt mir bitte, dass ich euch an die linke Hand nehme und mit euch gemeinsam einen Weg entlang gehe, der wie ein Waldweg aussieht. Der Boden ist an manchen Stellen moosbewachsen, doch manchmal schaut auch die Erde hervor. Manchmal liegt ein Steinchen auf dem Weg, welches wir

freundlich grüßen und dann an ihm vorbeigehen.

Spürt auf diesem Weg die Natur mit all den vielen Naturgeistern überall um euch herum, begrüßt sie mit mir gemeinsam und gebt ihnen die Chance, sich euch zu zeigen und sich euch auf dem Weg zu dem Ort, an dem wir alles von uns waschen wollen, anzuschließen.

Die Naturgeister, die sich euch jetzt gern vorstellen möchten, sind nun auch bereit, mit uns zu gehen.

Nehmt euch etwas Zeit auf unserem Weg, um euer Bewusstsein auf sie zu richten, sprecht mit ihnen und lauscht ihren Antworten. Doch achtet bitte darauf, dass die Schwingungen der Liebe erhalten bleiben. Ihr könnt euch dadurch gleich darin üben, Schwingungen unterscheiden zu lernen. Spürt ihr etwas anderes als Liebe, bittet mich einzugreifen.

Wir wandern nun gemeinsam auf diesem wunderschönen Waldweg weiter, bis wir zu einer Lichtung gelangen, auf der ein sehr großer Heißluftballon auf uns alle wartet Wir sind viele Wesen und müssen ja schließlich in den Ballon hineinpassen. Er wird gesteuert von Erzengel Hope, die sich gut mit Flammen auskennt.

Wir steigen ein und machen es uns auf den gepolsterten Bänken, die an der Innenwand des Ballons angebracht sind, bequem, und die Reise geht los. Wir steigen hoch in die Lüfte auf. Wer mag, der darf gerne nach unten sehen, wen es schwindelt, der sollte lieber sitzen bleiben.

Hope lenkt das Gefährt sehr sanft durch die Lüfte, und während sie dies tut, erzählt sie euch eine atlantische Geschichte, in der sich einige von euch sehr wohl wiederfinden dürfen. Und mit dieser Geschichte klären sich weit verbreitete menschliche Verhaltensmuster, welche ihr im Zuge der Gesamtreinigung auch loslassen dürft, sofern sie euch noch anhaften.

„Ich grüße euch, meine lieben Mitfahrer. Segen über euch und die Geschichte, die euch alle angeht und aus der ihr so viel an Leid in eurem Unterbewusstsein zur Aufbewahrung abgelegt habt.

Doch bevor ich die Geschichte erzähle, möchte ich mich euch bekanntmachen. Ihr kennt sicherlich alle Erzengel Gabriel. Ich bin die göttliche weibliche Entsprechung Gabriels. So seht ihr mich, wenn ihr es wieder könnt, als weibliches Wesen, welches ein weißes Nonnengewand trägt.

Ich bin ebenso für die Aufstiegsflamme zuständig wie Gabriel und auch für den Weißen Strahl. Ich bin die sanftere Entsprechung, die auch die Sanftheit in Serapis Bey wecken kann. Und gerade in diesem Moment tue ich dies. Vielleicht könnt ihr dem jetzt einmal nachspüren. Es müsste euch sehr gefallen, wenn ihr spürt, wie zwei Engel sich gegenseitig mit Liebe überhäufen.

Habt ihr nun genug gespürt, sofern das überhaupt möglich ist, denn von der Liebe mag man immer nur mehr haben wollen, lauscht bitte meiner Geschichte, die auch die eure ist.

Atlantis bietet ein schier unerschöpfliches Potenzial an Geschichten. Dies kommt daher, dass es in der Zwischenzeit fast schon zum Mythos geworden ist. Und ist etwas erst einmal in diese Bewertungsschublade gelegt worden, so kann sich die menschliche Phantasie freien Lauf lassen.

Euer Glaube daran, dass auf Atlantis fast alles möglich war, ist bewundernswert. Denn ihr haltet an dieser Vorstellung sehr fest und bekundet damit, dass euer Glaube sehr fest ist.

Atlantis war auf der Schwingungsebene der Erde angesiedelt. Auf diesem Land lebten

Menschen, die sehr fein schwangen, sie waren in ihrer Entwicklung den anderen Menschen auf der Erde sehr weit voraus.

Die Atlanter waren eine Rasse, die Schönheit und Harmonie ausstrahlte. Sie waren bis in ihr Innerstes rein, bis zu einem gewissen Zeitpunkt, an dem sie sich mit den anderen Menschen zusammentaten, um zu lernen, wie es sich anfühlt, in niedrigeren Schwingungsebenen zu leben, und herauszufinden, ob in diesen Ebenen all die Entwicklungsmöglichkeiten auch vorhanden waren, die sie bislang zur Verfügung hatten. Sie glaubten fest daran, dass sie ihre hohen Schwingungen trotzdem würden halten können und ebenso ihre seelische Reinheit.

Meine Geschichte beginnt genau in dem Moment, als sich der erste Atlanter, ein männlicher Priesterschüler, in eine Frau königlichen Geblüts verliebte, die an der Seite ihres königlichen Gemahls Atlantis und die atlantische Königliche Familie besuchte. Das Herrscherpaar kam aus dem Land, das ihr heute Griechenland nennt. Die Schwingungen dieses Paares waren niedriger als die auf Atlantis. Die Königin konnte ihre Schwingungen jedoch sehr schnell erhöhen, denn sie erwiderte die Liebe des Priesters sehr bald reinen Herzens.

Beide spürten eine tiefe Sehnsucht nacheinander und begannen nach Wegen zu suchen, wie sie immer wieder kurzzeitig zusammenkommen konnten. Und wie dies bei Liebenden so ist, kamen sie sich sehr nahe. Sie erlebten die Vereinigung von Mann und Frau in der reinen Form, an der das Herz beteiligt ist.

Man spürte, dass die beiden Menschen füreinander bestimmt waren. Gemeinsam strahlten sie eine starke Harmonie aus. Traf man jeden einzeln, so kam es einem vor, als ob ihm in seiner Ausstrahlung ein Teil von seiner Ganzheit fehlte.

Nun war es auch damals schon so bei den Menschen, dass der König glaubte, ihm gehöre alles, was er sich „erobert“ hatte. So dachte er auch über seine Frau, die ihm nach seinem Glauben gehörte. Doch die tiefe Liebe zu ihr fehlte ihm, und auch all das, was er bekam, nahm er mit einer Selbstverständlichkeit und Lieblosigkeit an, sodass die Atlanter verwundert die Achtung vor den Dingen und vor allen Dingen vor dem Schenkenden vermissten. Dieser König hatte ein Herz aus Stein, wie die Menschen über so einen Zeitgenossen zu sagen pflegen.

Als er nun bemerkte, dass seine Gemahlin ihm untreu geworden war, sann er auf Rache.

Auch dies ist ein sehr menschliches Muster. Er besprach sich mit dem König von Atlantis, dem jedoch zu diesem Zeitpunkt das Verständnis für Rachegelüste völlig fehlte. Daher verwies er seinen Besucher an den Führer der Priesterschaft. Hier fand er Gehör, denn dieser Priester wollte unter allen Umstanden die Harmonie auf Atlantis auch weiterhin bewahrt wissen.

Es musste also an Strafe für die beiden untreuen Wesen gedacht werden.

Zunächst wurden die beiden Liebenden getrennt, was ja noch anging, doch dann lehnte der König jede Strafe, die dem Priesterführer einfiel, ab, weil sie ihm zu gering erschien. Als dem Priester die Ideen ausgingen, wie er seinen Schüler bestrafen sollte, überließ er dem fremden König die Verurteilung und die Strafverhängung.

Die Strafe sollte für beide der Tod sein. Und weil der König sehr rachsüchtig war, so sollte dem jungen Mann außerdem auch noch Folter widerfahren.

Obwohl der Priester die Strafe sehr hoch fand, gab er dem König nach. Die Angst davor, dass dieser in seiner Rachsucht Atlantis vielleicht mit Krieg bedrohen würde, wie dies ja überall um Atlantis herum immer wieder geschah, ließ ihn so handeln.

Nach dem Tod der beiden Liebenden, die sogar im Tod körperlich voneinander getrennt wurden, reiste der König ab und schmiedete in seinem Land trotzdem Kriegspläne gegen Atlantis. So wurden die Weichen für den ersten Krieg gestellt.

Der Priester jedoch fand nach dem Tod der beiden Liebenden weder Harmonie in sich selbst noch auf Atlantis. Denn die Geschichte war sehr bald in aller Munde und die Menschen dort begannen zu urteilen. Es bildeten sich unterschiedliche Sympathisantengruppen, die durch ihre Beurteilungen und dem Anspruch darauf, dass sie, jeder für sich, Recht hätten, dafür sorgten, dass die Schwingungen auf Atlantis immer niedriger wurden. Wohin das letztendlich führte, ist euch ja hinreichend bekannt.

Meine Geschichte beruht teilweise auf wirklichen Geschehnissen, wie sie euch auch immer wieder in der Geschichte widerfahren sind, und teilweise auf dem, was sich immer wieder in den Gedanken der Menschen abgespielt hat.

Ich danke euch für eure Geduld und das Interesse, mit dem Ihr mir gelauscht habt.

Bitte lasst euch von mir umarmen. Danke!

Und jetzt übergebe ich wieder an Serapis Bey."

Ja, meine Lieben, dies ist eine etwas ungewöhnliche Meditation, doch ich sehe, ihr seid trotzdem entspannt, und so können wir unser Bewusstsein wieder auf unsere Ballonfahrt richten und unsere Reise fortsetzen. Zu den Gründen für die Geschichte kommen wir gleich noch einmal.

Wir schweben nun weit über den Wolken am Himmel, wo es einem scheint, als ob die Freiheit grenzenlos ist. Sie ist es, meine Lieben.

Und nun sind wir an unserem Ziel angekommen. Ihr seht ein Plateau aus Holzbohlen, welches sich auf einer Wiese mit lauter weißblühenden Blumen befindet, auf dem wir landen. Wir steigen alle aus und gehen zu einem goldenen Tor, welches sich vor uns öffnet.

Hinter dem Tor seht ihr ein weißes Gebäude, das Ähnlichkeit mit einem griechischen Tempel hat. Vor diesem Gebäude ist eine große Fläche mit weißem Marmor gepflastert. Und mitten auf diesem Marmorplatz seht ihr eine riesige kupferfarbene Schale, in der eine riesige Flamme, weiß lodernd, aufsteigt.

Ihr denkt richtig, es ist die Aufstiegsflamme, die euch hier gezeigt wird. Und ich gehe jetzt hinter die Schale. Hope folgt mir und stellt sich neben mich.

Trotz der Flamme, die nun zwischen uns steht, könnt ihr sowohl Hope als auch mich sehr deutlich sehen.

Ich vollziehe nun ein Ritual, dass jeder von euch gut kennt. Ich erhebe meine Hände und lasse aus meinen Handflächen ein strahlendes Licht auf euch scheinen, von dem ihr umschlossen werdet.

Lasst euch einen Moment Zeit, um die Kraft und die Liebe des strahlenden Lichtes spüren zu können.

Nun bitte ich jeden Einzelnen von euch, sich vorzustellen, welche Gedanken-, Glaubens- und Verhaltensmuster ihm hinderlich und belastend erscheinen, und sie dann symbolisch in die Flamme zu werfen. Hört bei jedem gelandeten Wurf das laute Zischen der Flamme. Bedenkt bitte, dass ihr alles ablegen dürft, was ihr möchtet. So macht ihr euer Innerstes rein und schafft Platz, den ihr mit liebevollen Gedanken ausfüllen solltet.

Und jetzt komme ich zur Geschichte, in der ebenfalls versteckte Muster, von denen die meisten in euch im Verborgenen arbeiten, da ihr sie unterdrückt, zu finden sind.

Bittet jetzt Hope zu euch, damit sie das Ritual des Entfernens dieser Muster vollzieht.

Jetzt atmet bitte in euren Bauch hinein und spürt, wie ihr euch immer leichter zu fühlen beginnt. Kostet dieses wundervolle Gefühl bitte reichlich aus.

Schaut euch jetzt bitte um und seht den strahlenden Lichtkranz um jeden einzelnen Körper. Und in diesem Bewusstsein, das ihr euch täglich in Erinnerung rufen solltet, bringen Hope und ich euch nun zurück an den Ort, an dem ihr in die Meditation gegangen seid.

Ich bedanke mich von ganzem Herzen bei euch und wünsche jedem von euch, dass die Loslösung dauerhaft sein möge. Da eure Bewusstheit immer größer wird, werdet ihr sehr schnell erkennen, wann und warum ihr wieder ein wenig niedriger schwingt. Dann geht wieder in diese Meditation, diesmal vielleicht, ohne die Geschichte zu lesen, und lasst ansonsten alles wieder so geschehen, wie wir es gerade gemacht haben.

Es ist möglich, dass immer weitere Muster hochkommen, die ihr ebenfalls von euch loslösen wollt, und so tut es auch bitte.

Seid nun wieder von Herzen umarmt –
Serapis Bey

Sich hingeben – mit dem Schicksal fließen

Ja, meine Lieben, dies ist etwas, was wohl den meisten Menschen große Schwierigkeiten bereitet. Ihr habt im Laufe eurer vielen Inkarnationen immer wieder versucht, genau das zu leben – sich hingeben und mit dem Schicksal fließen –, mit dem Ergebnis, dass ihr tiefen seelischen Schmerz davongetragen habt. Und dieser Schmerz hat euch schließlich dazu gebracht, dass ihr euer Nackenchakra, in dem auch das menschliche Willenszentrum beheimatet ist, zusammengezogen und so den menschlichen Willen vor den göttlichen Willen gesetzt habt.

Ihr habt begonnen, euer Leben selbst in die Hand zu nehmen, und geglaubt, euch dadurch dem göttlichen Wunsch bezüglich eures Lebens, eurer Rolle, die ihr nach seinem Wunsche und mit eurem Einverständnis leben wolltet, entziehen zu können.

Doch woher wisst ihr, wie der göttliche Wunsch ausgesehen hat? Vielleicht war der göttliche Wunsch ja genau der, dass ihr so handelt, wie ihr schließlich gehandelt habt? Wie könnt ihr sicher sein, dass ihr wirklich nur euch gehorcht, wenn ihr euer Leben kontrolliert?

Was ihr wohl alle bemerkt habt, ist, dass euch durch das ständige „sein Leben selbst kontrollieren wollen" viel Energie geraubt wurde. Diese musste ersetzt werden, denn sonst hätte euer Körpersystem nur noch in eingeschränkter Weise arbeiten können. Und so seid ihr immer mehr und verstärkt dem euch heute bekannten Essverhalten erlegen.

Nun haben bezüglich des Essverhaltens viele von euch bereits wieder ein einigermaßen gesundes Gefühl entwickelt. Doch sehr viele Menschen unterliegen noch dem altgewohnten Muster.

Dass Essverhalten auch durch Hungersnot geprägt wird, die auch jeder von euch bereits erlebt hat, steht hier außer Frage. Doch ich möchte euch auf den Energieverlust hinweisen, der euch befällt, wenn ihr euren eigenen Willen entgegen dem göttlichen Willen zu sehr einsetzt.

Ihr alle seid Lichtarbeiter, ansonsten würdet ihr eher einen großen Bogen um geistige Bücher machen. Und so können wir davon ausgehen, dass ihr einseht, dass euch Gott, würde er damit auch diese Erfahrungen mit euch gemeinsam machen wollen, mit Energie versorgen würde und es euch Freude bereiten würde, euren eigenen Willen immer wieder neu zu erproben.

Und hier sind wir beim Kern der Sache. Empfindet ihr Freude an dem, was ihr tut, so ist dies der göttliche Wille, gepaart mit eurem eigenen, dessen könnt ihr euch sicher sein.

Was ist nun, wenn euch die Freude bei allem, was ihr mit eurem eigenen Willen tut, fehlt? Spielt hier der göttliche Wille auch eine Rolle? Könnt ihr in diesem Fall genauso sicher sein, dass dem so ist?

Nun, meine Lieben, manchmal ist es so und manchmal ist es ein wenig anders. Doch spüren zu können, wie der göttliche Wille in so einem Fall wirkt, ist ausgeschlossen. Ihr lebt dann euer Schicksal ohne die Sicherheit zu haben, dass dies wirklich dem göttlichen Willen entspricht.

Ihr wisst ja alle um die menschlichen Rollen, die ich Schicksal nenne. Diese so zu spielen, dass eure Kreativität euch ermöglicht, sie auszubauen, obliegt nun einmal einem jeden von euch, und ob ihr dabei ein Gefühl der Sicherheit des göttlichen Schutzes spürt oder ob ihr ohne diesen auszukommen gedenkt, spielt hierbei nur eine unbedeutende Rolle. Wirklich entziehen könnt ihr euch dem allen nur dann, wenn ihr euer Leben auf der Erde außerplanmäßig vorzeitig beendet.

Wer von euch ist bereit, dem Göttlichen beide Hände zu reichen und so zu bekunden, dass er sich dem göttlichen Willen fügt? Wer würde das täglich tun? Und wie lange würde er das tun?

In dem Moment, wo ihn ein schwerer Schicksalsschlag trifft, der immer mit menschlichen Verlusten zu tun hat, wird er wohl seine Hände wieder bei sich behalten und das gerade aufkeimende Vertrauen in das Wohlwollen der Göttlichkeit verlieren. Und hier dürft ihr einmal euch selbst hinterfragen, wieweit euer Vertrauen in die Göttlichkeit reicht.

Ihr glaubt auf der einen Seite, ihm sowieso ausgeliefert zu sein, und auf der anderen Seite versucht ihr immer wieder, euer Schicksal im irdischen Bereich zu manipulieren. Zugegeben, dies ist sicherlich eine interessante Variante zu dem eigentlichen Plan, den ihr ja bereits im Vorfeld des irdischen Lebens grob gestaltet habt.

Sich hingeben bedeutet, sich dem Göttlichen hinzugeben, dem Plan für die Ganzheit zu dienen ohne Wenn und Aber. Es ist verständlich, dass dies vielen Menschen große Angst macht, da sie bereits wissen, was Schmerz ist und wie tief und wie lange er wirken kann.

Über viele Inkarnationen wirkt ein solcher, tiefer Schmerz. Und ihr holt ja auch die Erinnerung daran immer wieder hervor, in weiteren menschlichen Rollen, damit ihr ihm immer wieder begegnen könnt und ihn dadurch so sehr festigt, bis ihr endlich bereit seid, euch von ihm zu lösen. Auch das ist, wie alles, von dem ihr euch eines Tages lösen möchtet, nur mit Bewusstheit zu bewerkstelligen.

Doch statt ihn zu erlösen, fügt ihr euch weiteren Schmerz zu, mit den unterschiedlichsten Gesichtern. Wie lange wollt ihr denn noch proben, zu verlieren, Sicherheit zu entbehren, dem Göttlichen abzuschwören usw.?

Ihr, die ich in diesem Augenblick erreiche, seid alle wieder so weit in eurer Entwicklung und Bewusstheit gekommen, dass ihr beruhigt eure Hände in die Hände der Göttlichkeit legen könnt, ihr alle dürft euch entspannt zurücklehnen, denn die schwersten Zeiten liegen hinter euch. Ihr habt alle genug Überblick über die Situationen, die euch begegnen. Doch Halt – sollte ich mich hierin irren?

So scheint es, denn auch in dem jetzigen Leben haben die meisten immer noch mit dem Schmerz zu tun, den sie sich immer wieder neu programmieren.

Ich kann das gut verstehen.

Wisst ihr denn, warum ihr dies immer wieder tut?

Ihr tut es immer wieder, weil ihr süchtig nach Selbstverstümmelung, nach Selbstbestrafung geworden seid.

In den vorherigen Kapiteln habe ich euch verschiedentlich darauf hingewiesen, doch nun möchte ich einen Schritt weiter gehen, damit ihr erkennen könnt, was euch daran hindert, dem Göttlichen wieder vertrauen zu können, und euch hilft, die Sucht nach Bestrafung zu beenden. Damit wäre dann auch sehr viel Leid von euch genommen und ebenso von der Erde, die ja auch sehr unter den leidvollen menschlichen Schwingungen leidet.

Erinnert ihr euch, dass ich gesagt habe, dass ihr alle auf dem Meisterweg voranschreitet? Und so ist es.

Auf diesem Weg begegnen euch alle Situationen mit zwar unterschiedlichen Gesichtern, damit ihr sie in ihrer Ursache nur schwer erkennen könnt – dies war euer Wunsch –, und die damit verbundenen Gefühle, damit ihr jetzt entscheiden könnt, was ihr beenden möchtet.

Und was glaubt ihr, warum immer mehr geistige Botschaften zu euch gelangen? Damit der Zyklus der alten Zeiten beendet werden kann. Die neue Zeit verlangt einen anderen Glauben, ein anderes Umgehen mit eurer Bewusstheit und vor allen Dingen einen Abschluss der altgewohnten Muster. An diesem Punkt steht ihr jetzt.

Von allen Menschen seid ihr diejenigen, die vorangehen dürfen und die sich bewusst machen dürfen, dass sie als diejenigen hier sind, um der Erde und allen Lebewesen auf ihr zu einem freudvollen und liebevollen Leben zu verhelfen.

Diejenigen unter euch, die gerade in einem starken Schmerz des Verlustes eines lieben Menschen stecken, denen kann ich garantiert sagen, dass es euren Lieben auf der anderen Seite äußerst gut ergeht und dass sie euch mit großer Liebe und voller Achtung betrachten und gespannt darauf sind, wie ihr den Weg in die glorreiche Zukunft letztendlich gestaltet. Ihnen ist bewusst, dass ihr diejenigen seid, die mit ihrem Denken und Handeln eine neue Welt erschaffen.

Und so leite ich ihre Bitte an euch weiter, die besagt, dass ihr den Schmerz vergessen sollt und euch mit eurer ganzen Kraft in die Gestaltung der neuen Welt hineinbegeben mögt. Sie mussten euch verlassen, weil sie den höheren Schwingungen entkommen wollten, weil ihnen das Verständnis fehlte, sich diesen anzupassen. Und einige von ihnen sind gegangen, weil sie euch den Weg frei machen wollten, damit ihr das Ziel schneller erreichen könnt. Und so hatte jeder von ihnen einen sehr triftigen Grund, warum er euch verlassen hat.

Trotz aller Beteuerungen, dass es euren lieben Verstorbenen gut geht, fühle ich die Trauer, die euch noch belastet. Lasst sie zunächst für einige Zeit zu und macht euch immer wieder klar, dass alles seine Richtigkeit hat. Und nach geraumer Zeit lässt die Trauer nach und ihr werdet freier, euren Weg weiterzugehen.

Dass es euch schwerfällt, liebe Menschen gehen zu lassen, ist jedem klar. Doch denkt vielleicht einmal daran, dass es doch der Wunsch des Verstorbenen war zu gehen. Manchmal ist ihm dies bereits auf der Erde klar, doch meist ist es so, dass die Seelenführung auf einer höheren Ebene entscheidet, wann der Zeitpunkt gekommen ist, das Leben auf der Erde zu beenden. Dies leiten die Menschen selbst ein, indem sie der Seelenführung auf unterschiedliche Art mitteilen, dass sie des Lebens und des Leidens müde sind.

Ihr kennt sicher hierzu alle einige Beispiele wie zum Beispiel: „Ach, schon wieder mehr Arbeit. Ist das Leben schwer. Ich habe keine Lust mehr. Ich möchte am liebsten alles hinschmeißen“ und viele ähnliche

Aussagen, die darauf hinweisen, dass es Zeit zum Verabschieden wird, geben die Menschen an die Seele weiter.

Es kann natürlich auch anders sein. Um alles aufführen zu können, fehlt mir hier der Platz. Doch ich kann die Auffindung von Gründen getrost euch selbst überlassen. Wenn sie euch interessieren, werdet ihr sicher fündig.

Nun ist ein Sterbefall immer mit Loslassen verbunden. Und ihr wolltet immer wieder das Loslassen üben. Mit dem Loslassen sind unendlich viele Gefühle verbunden, doch ist es eigentlich das Gefühl der Zurückweisung, das die Ursache für eure tiefe Trauer ist. Ihr fühlt euch verlassen, und das tut weh.

Da wir ja das Thema „Sich hingeben, mit dem Schicksal fließen" haben, möchte ich euch doch auch darauf aufmerksam machen, dass es möglich ist, dass sich der Schmerz der Trauer in tiefe Wut verwandelt, was dann schließlich auch in Verzweiflung enden kann.

Das Gefühl der Zurückweisung führt häufig dazu, dass der Trauernde sein eigenes Schicksal betrauert. Er trauert dann um das, was ihm an menschlicher Nähe des Verstorbenen so viel bedeutet hat und nun verloren scheint. Und da er sich allein gelassen fühlt, kann es passieren, dass er sich dem Schicksal nun völlig verweigern möchte und hart gegen sich und andere wird. Und so übt er nun selbst Zurückweisung bei anderen Menschen. Um diesem Gefängnis zu entgehen, bitte ich euch: Hinterfragt, was der Kern eurer Trauer ist, fragt euch selbst, indem ihr in euch geht. Denn Härte für eine lange Zeit zu leben, ist hart, liebe Brüder und Schwestern.

Was der Verstorbene zu seinem Ableben gedacht hat, entzieht sich leider eurer Kenntnis. Er könnte dies vom Jenseits aus kundtun, doch um dies dann auch erfahren zu können, müssten die meisten von euch ein Medium einschalten. Es ist jedenfalls möglich, die Information zu bekommen.

Wenn ihr Vertrauen zu Engeln oder den Meistern habt, könnt ihr diese bitten, euch in Träumen die Antwort des Verstorbenen zu übermitteln oder euch sogar die Möglichkeit zu schaffen, im Traum auf einer höheren Ebene mit dem Verstorbenen zu sprechen. Vielleicht könnt ihr danach mit dem Verlust leichter umgehen.

Seht, ihr Lieben, das ganze Dasein auf der Erde ist doch so gedacht, dass dort für den Meisterweg eines jeden Individuums geübt werden kann. Und um alles verstehen zu können, denn das kann ein Meister letztendlich, muss jeder einzelne Mensch durch alle Gefühle selbst hindurchgehen und sehen, was zum Schluss noch übrig bleibt, woran er noch gebunden ist.

Um sich dem Schicksal anvertrauen zu können, ist ein Loslassen notwendig. Und ganz besonders das

Loslassen des Kontrollbedürfnisses. Denn auch im Falle einer Verhärtung anderen Menschen und dem Göttlichen gegenüber wird unbewusst von den Menschen ersehnt, das Kontrollbedürfnis zu befriedigen. Da ihr in vielen Fällen die Strukturen, die euch bewusst machen könnten, dass ihr über diese oder jene Situation Kontrolle ausüben möchtet, so versteckt habt, dass es euch nur auffallen würde, wenn ihr tief in euch nachforscht, fehlt euch in den meisten Fällen die Übersicht über die Möglichkeiten, Kontrolle auszuüben. Und ihr tut es unbewusst, was dann zur Folge hat, dass ihr euch auch weiterhin weigert, mit dem Schicksal zu fließen.

Hierzu möchte ich wieder ein Beispiel geben:

Nehmen wir einmal die Rolle einer jungen Mutter, die ihre Kinder gut behütet. Sie liebt ihre Kinder sehr. Doch die Kinder werden groß. Während des Heranwachsens ihrer Kinder hat die Mutter noch Einfluss auf deren Entwicklung. So soll es ja auch sein. Dann beginnt der Loslösungsprozess der Kinder von den Eltern. Nun reagieren die Eltern ja sehr unterschiedlich darauf. Das ist euch bekannt.

Doch ich möchte auf eine Kontrollstruktur hinaus, die den meisten Menschen unter dem Deckmäntelchen der Liebe entgeht. Dazu gebe ich ein weiteres Beispiel:

Eine Mutter hat ihre Kinder großgezogen. Sie haben sich wundervoll entwickelt. Die Mutter allerdings sieht das anders. Sie möchte ihre Kinder weiter bemuttern. Sie spricht ihnen die Erwachsenenrolle dadurch ab. Sie tut dies aus Liebe, doch in Wahrheit wirkt hier eine Kontrollstruktur. Denn die Mutter möchte unter allen Umständen, dass es ihren Kindern gut geht. Und sie glaubt, dass dies nur sein kann, wenn sie auch weiterhin die fürsorgliche Rolle der Mutter spielt. Und ganz besonders oft wird diese Struktur von den Müttern kranker erwachsener Kinder gelebt. Und auch dann heißt es: „Ich möchte doch nur, dass es meinen Kindern gut geht." Und dieses mütterliche Gefühl, Kontrolle ausüben zu müssen, damit es dem Kind besser geht, der sich das erwachsene Kind entzieht, manchmal auch durch den Tod, bereitet der zurückbleibenden Mutter unsäglichen Schmerz. Und das, was ich zuvor sagte, könnte wiederum eintreten.

Ich wollte euch hier verdeutlichen, dass ihr in jedem Falle eure Aufgabe wundervoll erfüllt habt, doch dass der Zeitpunkt des Loslassens immer irgendwann, natürlich immer mit unterschiedlichen Gesichtern, kommt. Und trotz eures Kontrollbedürfnisses macht euch bewusst, dass ein Loslassen auf euch zukommt.

Und eine Mutter, die glaubt, dass nur sie die Rettung für ihr Kind sein kann, ist ihrem eigenen Kontrollbedürfnis verfallen, und ihr wird es sehr schwerfallen, wenn dieses Kind sie eines Tages verlassen wird. Doch auch hier wird das Schicksal seinen Lauf nehmen ohne Rücksicht auf den einzelnen Menschen, der glaubt, sein Geschick und das anderer Menschen nach seinem Willen lenken zu können.

Ich habe euch nun einige Strukturen genannt, die euch bisher daran gehindert haben, euch dem Schicksal hinzugeben, und ich bitte euch, geht in euch, um schon einmal diese Gefühle genauer zu erforschen. Denn es gibt noch weitere Gefühle, die auch irgendwann in ihren Auswirkungen von euch erkannt werden wollen.

Und ganz zum Schluss, wenn ihr eure Gefühle erforscht habt, könnt ihr dann vielleicht auch erkennen, dass euch das Leben gezeigt habt, dass menschliche Kontrolle im zwischenmenschlichen Bereich immer versagen wird. Sollte ich jetzt sagen: Lernt daraus!?

Und noch etwas ist dabei sehr wichtig zu erwähnen. Wenn einiges von dem, was ich hier gesagt habe, auf euch zutrifft, so erforscht doch bitte auch eure „inneren Kinder“ mit ihren Erinnerungen. Dort könnt ihr viel von euren Strukturen, und wie ihr sie gefestigt habt, erkennen.

Sich hingeben bedeutet, dass ihr euch bewusst dem Göttlichen anvertraut und mit dem Plan fließt, den ihr euch für das jeweilige Leben ausgesucht habt.

Es braucht noch Zeit, bis ihr alles loslassen könnt, das weiß ich. Denn Loslassen in jeder Form gelingt nur in kleinen Schritten, ebenso wie Vertrauen fassen und somit schließlich, sich wieder hingeben zu können.

Meine Lieben, ich unterstütze euch gerne bei der Bewusstmachung weiterer Verhaltensmuster, damit ihr das Loslassen und die Muster, die ich euch genannt habe, schneller hinter euch bringt. Doch bitte seid geduldig mit euch, sagt euch immer wieder, dass ihr schon so Vieles erreicht habt und den Rest auch noch schafft. Dafür ist es manchmal gut, wenn man einmal einen Augenblick innehält und auf den Weg zurückschaut, den man schon zurückgelegt hat.

Mit großem Mitgefühl und immerwährender Liebe betrachte ich jeden Einzelnen von euch.
Serapis Bey

Die tiefe geistige Bedeutung des Wassers

Ich begrüße und umarme euch auch jetzt wieder sehr herzlich und voller Liebe, und während wir dieses Kapitel gemeinsam lesen und durcharbeiten, genieße ich auch unser Zusammensein wieder sehr, in das ihr in wundervoller Weise sehr viel Vertrauen einbringt.

Ich freue mich unendlich darüber und über die Liebe, die mir mittlerweile von so vielen von euch entgegengebracht wird. Und so geht mein tiefer Wunsch, dass ihr alle mich wieder so liebt, wie ihr dies vor der atlantischen Zeit getan habt, wohl schon sehr bald in Erfüllung.

Ich danke euch allen aus tiefstem Herzen.

Da Geistwesen ihre Liebe als Erste zu verströmen haben, um sie ganzheitlich in Fluss zu bringen, tue ich dies bei euch auch, in dem Wissen, dass sie irgendwann erwidert wird. Geistwesen verströmen ihre Liebe ohne Erwartungshaltung. Ihnen ist ja bewusst, dass Liebe immer mit Liebe beantwortet wird. So ist es für uns einfacher als für euch, all das, was wir vermögen, ohne Erwartungen an euch zu verschenken.

So geben wir euch alles, worum ihr bittet.

Seid ihr auch bereit, es anzunehmen?

Ihr Lieben, vielleicht überrascht euch die Überschrift dieses Kapitels ein wenig, denn dass Wasser auch eine tiefere Bedeutung haben könnte als die, die euch wohl allen bekannt sein dürfte, wussten alle Zeitepochen hindurch bis zum heutigen Tag immer nur wenige Menschen.

„Stille Wasser sind tief", kennt ihr diesen Spruch? Und wie tief es ist und *wie* tief die geistige Bedeutung für euch während eures menschlichen Daseins greifen könnte, habt ihr letztendlich doch oft vergessen. Und habt ihr, wenn auch völlig unbewusst, der Ganzheit immer wieder die Botschaft übermittelt, dass euch die tiefe, geistige Bedeutung des Wassers bisher gleichgültig war.

Mit dieser Botschaft habt ihr im Grunde erklärt, dass ihr die Dunkelheit noch auszukosten gedachtet. Denn wer sich dem Licht wieder ganz öffnen will, der interessiert sich für alle unterstützenden Hilfsmittel, die er finden kann, und saugt das Wissen darum förmlich in sich auf.

Und so wird er früher oder später auch wieder mit der tieferen Bedeutung des Wassers konfrontiert, das für eine schnellere spirituelle Entwicklung des Menschen eines der wichtigsten Hilfsmittel ist. Hinzu kommt noch, dass durch die Nutzung dieses Hilfsmittels auch der Natur in seiner Umgebung und allen Wesen, die in ihr leben, in ihrer geistigen Entwicklung ebenfalls Unterstützung zuteil wird.

Der Mensch kann zwar ohne das tiefere Wissen um das Wasser auskommen, seine Entwicklung dauert dann jedoch länger. Das war für eine geraume Zeit auch in Ordnung, wie euch inzwischen ja auch immer wieder mitgeteilt wurde.

Zu allen Zeiten gab es jedoch immer Menschen, die trotz aller Schwierigkeiten, die ihnen begegneten, und trotz all ihres Vergessens ihren Aufstieg schnell und bewusst angehen wollten. Ihnen wurden dann alle hilfreichen Informationen auf die eine oder andere Weise zugetragen.

Mit dieser kleinen Information möchte ich euch auch wieder bewusster machen, dass immer Hilfe aus der geistigen Lichtwelt kommen wird, sobald ihr darum bittet, und in verstärktem Maße dann, wenn ihr euch ganz bewusst auf den Weg ins Licht begebt.

Doch wie wichtig die ständige Wiederholung aus der geistigen Lichtwelt ist, erkennt ihr meist erst dann in vollem Umfang, wenn ihr daran geht, euch mit eurem Selbstwert auseinanderzusetzen. Denn das ist der Moment, wo ihr euch wieder intensiv mit eurem Innersten verbindet und wieder in Kontakt mit der Kraft eurer ureigensten Liebe kommt.

Um ein Zurückschrecken vor dieser immensen Kraft zu verhindern, sollte euch wieder sehr bewusst sein, dass ihr auch bei diesem tiefgehenden Prozess Hilfe von den geistigen Lichtwesen bekommt. Und ihr könnt sie dann auch bewusst annehmen, weil ihr eben immer wieder darauf hingewiesen worden seid, dass Hilfe da ist und lediglich abgerufen zu werden braucht.

Für die geistige und körperliche Entwicklung der Menschen, die jetzt auf der Erde ansteht und im Laufe dieses Jahrtausends immer wichtiger wird, ist es gerade jetzt notwendig, dass auch über mehr Informationen irdische Hilfsmittel zu euch fließen, um euch eine zügigere Entwicklung zu ermöglichen.

Die irdischen Hilfsmittel standen dem Menschen von Anbeginn seiner irdischen Existenz zur Verfügung und wurden auch immer von denjenigen genutzt, die ihre Entwicklung beschleunigen wollten. Und Wasser hat eine sehr tiefe Bedeutung für die Entwicklung des physischen und vor allen Dingen feinstofflichen Körpersystems des Menschen, wie ihr gleich erkennen werdet. Diejenigen, die es nutzten, sind sehr schnell aufgestiegen und heute in der Meisterwelt der himmlischen Sphären zu finden.

Ganz abgesehen davon, dass sie sich selbstverständlich von belastenden Strukturen zu lösen und zwischenmenschliche, karmische Verbindungen zu harmonisieren hatten, nutzten sie jedes irdische Hilfsmittel, wozu übrigens auch die Meditation gehört, um aufsteigen zu können. Und Wasser, das damals noch wirklich rein war, wurde eben bewusst als zusätzliches Hilfsmittel genutzt. Die Menschen waren sich außerdem auch sehr bewusst darüber, welch wertvolles und köstliches Geschenk ihnen hier zuteil wurde.

Ich erinnere euch als Beispiel dazu einmal an unseren geliebten Bruder Jesus, den ihr ja alle auch als Aufgestiegenen Meister kennt. Nur zwei Dinge will ich euch wieder ins Bewusstsein rufen, damit ihr euch erinnert, dass auch er bestimmte Rituale mit Wasser aus dem Jordan ausgeführt hat.

Da war zum einen die Taufe, die ich auch gerne mit einer bestimmten Einweihung gleichsetze, und zum anderen das rituelle Fußwaschen, bevor Gebete gesprochen wurden und bevor man Nahrung zu sich nahm. Doch eines kam noch dazu: Wein wurde auf seine Anweisung immer mit Wasser verdünnt.

Ihr habt das alle sicherlich schon gewusst, doch habt ihr euch auch Gedanken darüber gemacht, warum das wohl so gewesen ist?

Wenn wir einmal allein nur diese Informationen berücksichtigen, so können wir schon daraus ersehen, dass Jesus ein tiefes Wissen um die geistige Bedeutung des Wassers haben musste. Und ich weiß, dass er es auch auf der irdischen Ebene hatte.

In den Jahrhunderten nach seiner Zeit geriet dieses Wissen immer mehr in Vergessenheit. Kaum einer der damaligen Menschen dachte daran, das Wasser rein zu erhalten oder der Natur pfleglich zu begegnen, und ihr wisst, was die Zeit des Mittelalters euch allen eingebracht hat. Die Welt versank sozusagen in Dunkelheit, Schmutz und, damit verbunden, in Unwissenheit.

Weil jedoch jetzt die Zeit gekommen ist, dass sich sehr viele Menschen auf den Aufstiegsweg begeben, wird das Hilfsmittel Wasser wirklich sehr wichtig, um ihnen zu helfen, ihre körperlichen und geistigen Veränderungsprozesse gut durchstehen zu können. Und indem die Menschen die Hilfsmittel alle auch nutzen und sie so anwenden, wie es ihnen von der geistigen Welt geraten wird, so unterstützen und beschleunigen sie auch selbst damit ihre eigene Entwicklung.

Einige Wissenschaftler befassen sich schon sehr lange damit, die Bedeutung des Wassers für den Menschen zu erforschen. Und sie haben bereits vor längerer Zeit eine Theorie entwickelt, die besagt, dass alles Leben im Wasser entsteht. In gewisser Weise trifft dies auch zu.

Ohne dazu jetzt auf jede Einzelheit eingehen zu wollen, möchte ich jedoch auf das Fruchtwasser aufmerksam machen, das außer dem weiblichen Menschen auch jedes weibliche Säugetier bildet, wenn ein neues Wesen in ihm entstehen möchte. So können wir die Theorie insoweit schon einmal bestätigen.

Wie Leben entsteht, wie es am Leben erhalten werden kann und wie es dann auf der anderen Seite nach Beendigung des irdischen Lebens weitergeht, das hat einige von euch immer schon brennend interessiert. Ihr habt während eurer irdischen Aufenthalte sehr viel geistiges Wissen gesammelt, es wieder erkannt und zum Teil auch mündlich und schriftlich festgehalten.

Interessanterweise sind viele dieser Berichte verlorengegangen, doch einige sind für eine geraume Zeit lediglich verborgen worden. Und das ist so geschehen, weil ihr so tief in die menschlichen Rollen schlüpfen wolltet, dass dies nur geschehen konnte, wenn ihr bereit wart, zu vergessen, wer ihr seid und was ihr wisst.

Doch nachdem ihr alles vergessen wolltet und habt, durftet ihr mit der Erforschung all dessen, was ihr in eurem Innersten bereits wisst, wieder ganz von vorn anfangen.

Ihr habt inzwischen wieder sehr viel von eurem einstigen Wissen wiedergewonnen. Und was ich euch jetzt noch zusätzlich bekannt mache, ist Wissen, das bereits in euch verborgen darauf wartet, wieder ins Bewusstsein aufsteigen zu dürfen. Ich gebe euch hier also Wissen weiter, das ihr bereits in euch tragt.

Fragt ihr euch nun, ob es vielleicht auch einen anderen Weg gibt, jedem Menschen sein eigenes Wissen wieder zugänglich zu machen, als es von einem geistigen Wesen über einen Kanal vermitteln zu lassen, so sage ich euch: Der Entwicklungsstand des menschlichen Bewusstseins und sein weitverbreitetes Unwissen darüber, was er selbst aus seinem eigenen Innersten erfahren könnte, macht genau das jetzt notwendig.

Es ist erforderlich geworden, weil viele Menschen zu sehr und zu lange eingeschlafen waren. Da einige von ihnen diesen Zustand nur sehr schwerfällig beenden möchten, wenn überhaupt, sind wir geistigen Lehrer hier, um eine Beschleunigung in den menschlichen und globalen Entwicklungsprozess zu bringen. Es ist etwas Eile geboten, euch mit immer mehr

Wissen zu versorgen, weil das Jahr 2012 immer näher rückt.

Das Wissen, um das es geht, hat damit zu tun, dass es euch in den Stand versetzt, euren Entwicklungsprozess auch von eurer Seite aus zu unterstützen und zu beschleunigen.

Was nun das Wasser angeht, so habt ihr inzwischen wohl alle erfahren, wie es sich anfühlt, durstig zu sein. Dass bei zu wenig Wasserzufuhr der Geist träge wird, der Körper zu ermüden beginnt und ihr euch eurer Kraft beraubt, ist euch auch fast allen bewusst, doch wird es noch immer wieder gerne verdrängt.

Bei Wasserentzug schrumpft zuerst der feinstoffliche Körper. Er zieht sich zusammen, bevor sich im physischen Körper Signale zeigen. Die Menschen, die ihren feinstofflichen Körper ebenso fühlen können wie den physischen Körper, erkennen den Wasserentzug bereits, bevor sich ihnen der physische Zustand offenbart. Ihnen wird dieser Vorgang wirklich rechtzeitig bewusst. Sie wissen sehr genau und haben dies auch stets bewusst, dass jede Zelle eines physischen Körpers, der sich auf der Erde befindet, regelmäßiger Wasserzufuhr bedarf, und die feinstofflichen Körper benötigen sie ebenfalls.

Also, meine Lieben, trinkt Wasser, und zwar möglichst viel.

Einige Menschen fühlen ihren feinstofflichen Körper nur hin und wieder oder nur sehr vage, und wieder andere Menschen fühlen ausschließlich ihren physischen Körper. Diese Menschen erkennen nur selten, dass ihrem Körpersystem zur Stabilisierung etwas fehlt. Erst dann, wenn sich der physische Körper bemerkbar macht und Signale sendet, meist durch bereits beginnende Krankheiten, fangen sie vielleicht an, sich zu fragen, was ihnen denn nur fehlen könnte. Es ist ganz einfach: Es fehlt ihnen Energie, die sie sich durch vermehrtes Wassertrinken wieder zuführen könnten. Sinnvoll wäre natürlich, auch sie würden sich dem Erfühlen ihrer körperlichen Bedürfnisse widmen.

Doch mit weiter voranschreitender Entwicklung aller Wesen auf der Erde und der Erde selbst werden auch sie immer bewusster und feinfühliger, was ihre körperlichen Bedürfnisse betrifft, und so wird der große Teil der bisher weniger sensitiven Menschen nach und nach ebenfalls in diese Entwicklung einbezogen.

Ja, meine geliebten Menschenkinder, so hat ein jeder von euch jetzt eine kleine Erkenntnis gewonnen, die ich aus den Tiefen des menschlichen Unterbewusstseins hervorgeholt und euch lediglich wieder bewusst gemacht habe.

Der feinstoffliche Körper erleidet vor dem physischen Körper den Wasserverlust. Bei fester Nahrung erfahrt ihr diesen Vorgang genau andersherum. Ich halte es für notwendig, dies genauer zu erklären, denn einige von euch verspüren eher Hunger als Durst, obwohl sie durstig statt hungrig sind. Ich möchte, dass ihr erkennt, warum das so ist.

Nachdem es jetzt wohl bei einigen Menschen im Geiste „geklingelt“ hat und sie sich hier erkannt haben, möchte ich euch zunächst einmal erklären, wie es überhaupt möglich ist, dass Wasser anders vom Körpersystem aufgenommen wird als feste Nahrung.

Feste Nahrung geht zunächst den ganz normalen, euch bekannten Verdauungsweg in eurem physischen Körper. Ihre Schwingungen, die ja, um sich euch in der festen Form sichtbar präsentieren zu können, sehr verlangsamt werden mussten, werden durch die Verdauung freigesetzt und können dadurch die Informationen, die in jeder Schwingung enthalten sind, ebenfalls freisetzen.

Das bedeutet, dass sie nun schneller schwingen und in den feinstofflichen Körper aufgenommen werden können. Auch sie müssen zuerst vom feinstofflichen Körpersystem aufgenommen werden, bevor die Informationen, die in der Nahrung enthalten waren, weitergetragen werden können.

Die Informationen kommen in den feinstofflichen Zellen an, die dann mit dem Vorgang beginnen, sie auch in den physischen Zellen als Informationen zu speichern. Hierzu möchte ich euch wieder bewusst machen, dass alles, was der physische Körper erfährt oder was ihm widerfährt, vom feinstofflichen Körper gesteuert wird. Hier befindet sich euer ureigenster Zentralcomputer.

Obwohl ein Teil der Schwingungen der festen Nahrung euren feinstofflichen Körper auch erreicht, bevor die Nahrung aufgenommen wird, so müssen ihre Informationen zunächst den Umweg gehen, die schwereren Schwingungen, die auch sie noch haben, in feinere umzuwandeln. Dazu dient euch euer Verdauungssystem. Und da die physischen Zellen zur Aufnahme von Informationen eine feinere Schwingung benötigen, hilft hier euer Verdauungssystem ebenso wie beim Reinigen eures physischen Körpers.

Wasser in jeder Form, also auch Getränke, wie Kaffee oder Tee, Säfte und ja, auch alkoholische Getränke, ist in der Lage, auf dem normalen Weg über die physischen Organe die Informationen, die es in sich trägt, direkt in jede Zelle eures Körpers zu senden. Denn Wasser schwingt sehr fein. Die Kraft der anderen Getränke wird ebenfalls direkt in eure Zellen transportiert, um dort die Informationen abzulegen, die das jeweilige Getränk zu bieten hat. Doch während Wasser in reiner Form den Zellen auch reine Kraft spendet, ist dies bei anderen Getränken etwas anders.

Wird dem physischen Körper Wasser zugeführt, so erreichen die Schwingungen des Wassers den feinstofflichen Körper bereits dann, wenn ihr beabsichtigt, das Wasser zu trinken. Denn Wasser entbehrt jeder Festigkeit und schwingt sehr fein. Es hat die Fähigkeit, eure Schwingungen, befindet es sich in eurer Nähe, sofort aufzunehmen und an die Umgebung weiterzugeben. Das wiederum bedeutet, dass euer feinstofflicher Körper, da er sich in die Umgebung ausdehnt, die Schwingungen dort sofort aufnimmt.

Ja, meine Lieben, und da dies so ist, macht euch doch bitte auch klar, dass dies zu allen Zeiten so war und ebenso wie das, was ihr Odem nennt oder göttliche Energie, ganzheitliche Auswirkungen hat. Die Schwingungen des Wassers auf der Erde sind in ihrer Wirkung nahezu gleichbedeutend mit den Schwingungen der göttlichen Energie, die jedoch in den niedrigeren Sphären dort auch niedriger dosiert ankommt.

Reines Wasser und reiner Odem, die euch erreichen, mit denen ihr euch bewusst verbindet, sind die höchsten Kraftspender, die dem menschlichen Körper zugeführt werden können.

Reines Wasser auch heute noch bekommen zu können, scheint fast ausgeschlossen. Denn selbst wenn es aus einer Quelle stammt, die in einem unbewohnten Gebiet existiert und von Schadstoffen befreit zu sein scheint, wird die Reinheit in dem Moment, in dem es industriell in Behälter abgefüllt wird, zunichte gemacht.

Beim Abfüllen des Wassers werden chemische Zusätze verwandt, die eine Algenbildung verhindern oder Keime, die neues Leben entstehen lassen könnten, ersticken. Denn das Wasser soll ja zumindest klar aussehen, wenn der Verbraucher es kauft und dann schließlich auch trinkt. Zumindest dies kann von den chemischen Zusätzen bewirkt werden.

Und auch die Behälter tragen Informationen. Da diese meist industriell angefertigt werden, so könnt ihr euch sicher denken, dass die Arbeiter, die eine solche Arbeit mechanisch verrichten, nur selten mit Freude daran arbeiten; was sich natürlich auch wieder auf die Behälter auswirkt und letztendlich auch wieder auf das Wasser.

So frage ich euch jetzt: Wie könnt ihr überhaupt noch an reines Wasser kommen?

Die Informationen, die ihr euch auf diese Weise unbewusst zuführt, sind selbstverständlich auch mit sehr niedrig schwingenden Informationen angefüllt, doch ebenso mit sehr freudvollen, die euch von den Naturgeistern gesandt werden. Und auf diese Weise kann auch das chemisch behandelte Wasser wieder ein wenig neutralisiert werden. Und um euch jetzt die Verunsicherung, die bei einigen von euch aufgekommen ist, wieder zu nehmen, beschreibe ich euch einen Weg, den einige von euch bereits kennen, wie ihr trotzdem an wirklich reines Wasser kommen könnt.

Bittet jeden Morgen, bevor ihr das erste Glas Wasser zu euch nehmt, die göttliche universelle Kraft darum, alle niedrig schwingenden Informationen aus dem Wasser, welches ihr innerhalb der nächsten vierundzwanzig Stunden zu euch nehmen werdet, zu entfernen und nur das wirken zu lassen, was euch den Aufstieg leichter macht. Dann geht davon aus, dass diese Bitte nur zu gerne erhört und erfüllt wird.

Je mehr Menschen so arbeiten, umso mehr und umso schneller wird auch hier der göttliche Plan für die Erde erfüllt. Denn durch die Verbindung dieser beiden Kräfte werden die Schwingungen auf der Erde auf schnellstmögliche Weise in freudige und liebevolle Schwingungen aufsteigen, die dann wiederum allen Wesen zugutekommen.

Je häufiger ihr daran denkt, auf diese Weise das Wasser zu reinigen, umso schneller wird die Entwicklung voranschreiten. Und auf die gleiche Weise könnt ihr auch darum bitten, dass die anderen Getränke und auch die Speisen, die ihr euch täglich zuführt, von niedrigen Schwingungen und auch von Giften, die sich leider immer wieder in der festen Nahrung, doch auch in Getränken finden, gereinigt werden. Doch ihr könnt noch weitergehen; denn auch die kosmetischen Hilfsmittel können auf diese Weise gereinigt werden. Und seht ihr euch in eurem Umfeld um, so kann auch hier alles auf diese einfache Weise gereinigt werden.

Vielleicht ist es euch ja möglich, ein kleines Ritual zu entwickeln, um meine Bitte zu erfüllen, und damit eurer Bewusstheit in ganz besonderer Form zu dienen.

Und kommen euch bei diesem Ritual Gedanken in den Sinn, die aus liebevollen Gefühlen entstanden sind oder liebevolle Gefühle hervorrufen, so verbindet sie ruhig auch mit den Schwingungen des Wassers und denen der göttlichen, universellen Lichtenergie. Fühlt ihr vielleicht sogar Liebe zu den Nahrungsmitteln oder den Dingen, die ihr gereinigt haben möchtet, so erlaubt auch diesen Schwingungen, sich zu verbinden. Dies sind alles Maßnahmen, um euch selbst in höhere Schwingungen zu bringen, mit all den bereits bekannten, doch auch noch unbekannten Auswirkungen auf alles, was ist.

Bedenkt jedoch auch hierbei wieder, dass das, was ihr selbst zur Reinigung beitragen könnt, auch getan werden sollte. Und habt ihr Informationen erhalten, die erkennen lassen, dass dieses oder jenes Produkt an anderer Stelle weniger giftig bezogen werden kann, so helft durch euren Kauf, dass diese Produkte auf dem Markt schneller Fuß fassen können. Durch solche bewusste Handlungen der Menschen wird auch hier ein weiterer Schritt in die menschliche Selbstverantwortung gegangen.

Ich möchte euch jedoch noch mehr zum Wasser sagen und wie ihr es für euch und euren Planeten heilsam anwenden könnt.

Und darum komme ich jetzt noch einmal auf die Waschungen der Füße zurück, so wie Jesus, doch auch Repräsentanten anderer Religionen und Wissende sie seit jeher in ritueller Form praktiziert haben. Ihnen war bei diesem Ritual sehr bewusst, was sie taten.

Ganz abgesehen davon, dass die Füße oft staubig oder sehr verschmutzt waren, gab es noch einen weiteren Grund, dass Jesus die Waschungen bei sehr vielen seiner Anhänger selbst vorgenommen hat. Seine Jünger haben ihn dabei unterstützt, denn sie waren von ihm in das Wissen, welchem feinstofflichen Hintergrund sie damit dienten, eingeweiht worden.

Grobstofflich gesehen, tragen die Füße den menschlichen Körper durchs Leben, ganz gleich wie schwer er sich anfühlt. Und allein diese Tatsache sollte den Menschen doch ein Gefühl der Dankbarkeit entlocken. Und bedenkt doch einmal, dass die Füße manchmal wirklich schwer zu tragen haben. Dies spielt weder auf euer Körpergewicht noch auf den Umfang desselben an, sondern hier sind die Gefühle gemeint, die euch das „schwere Leben" suggerieren und sich nur allzu oft auch durch das Aussehen des physischen Körpers Ausdruck verleihen.

Euer Aussehen ist schließlich auch wieder eine Illusion, die ihr mit eurem Denken und alten, bisher noch verhaftenden Mustern aufrechterhalten habt. Ihr könnt sie jedoch jederzeit verändern, allerdings nur Schritt für Schritt, wenn ihr dabei körperlich gesund bleiben möchtet. Dies ist den Menschen nur selten bewusst. Bei all dem, was sie sich täglich an Aufgaben aufgeladen haben, fehlt ihnen schlichtweg die Zeit zu wirklicher Muße, um in sich gehen zu können. Doch ich weiß natürlich, dass es auch hier Ausnahmen gibt.

Sich alles dessen bewusst, haben Jesus und seine Jünger gemeinsam ihren Anhängern die Füße immer wieder gewaschen, bevor eine große Speisung stattfand oder bevor eine göttliche Kundgebung seiner Botschaften erfolgen sollte.

Auch Maria und ihre Schüler wussten um die Besonderheit des Rituals der Fußwaschungen, und auch sie haben es für andere Menschen so oft wie möglich praktiziert und bei sich selbst sogar täglich. Und wurde ein Kranker zur Heilung zu einem von ihnen gebracht, so begann die Heilung ebenso mit dem Ritual der Fußwaschung. Dies war, wenn es die äußeren Gegebenheiten möglich machten, zu allen Zeiten ein beliebtes Ritual, das Wissende gerne ausübten.

Der Hintergrund ist der, dass mit den Waschungen der Füße auch die sieben Hauptchakren, die sich außer im feinstofflichen Bereich des physischen Körpers auch im feinstofflichen Fuß befinden, gereinigt und dabei gleichzeitig mit göttlicher Energie aufgeladen worden sind. Doch während den Füßen die Reinigung und Aufladung widerfuhr, lag die Konzentration des Behandlers zusätzlich auf den sieben Hauptchakren, die sich im feinstofflichen Körper aneinanderreihen. Auch sie wurden dabei gründlich gereinigt und aufgeladen.

Die Reinigung der Chakren wurde so bewusst angewandt, dass aus ihnen alle Fremdenergien entfernt wurden und ebenso niedrig schwingende Gedanken, die, wenn sie länger in den Chakren wirken konnten, unweigerlich zu Krankheiten führten. Auch heute ist dies noch so.

Da die Menschen damals sehr wenig über ihren Körper wussten, und bei den Wissenden ohnehin die Vorstellung vorherrschte, nur wirklich interessierten Menschen, die sich auch fast immer ausbilden ließen, Auskunft über die Zusammenhänge geben zu sollen, blieb den meisten Menschen dieses Wissen verborgen.

Wasser hat wie ich bereits erwähnte, die Fähigkeit Informationen in ganz besonderer Weise weiterzutragen, und in Verbindung mit der göttlichen Energie hilft es, schnell zu gesunden. Jesus war ein Mensch, der einen überaus starken Glauben besaß und der genau wusste, was er tat.

Die Heilungen, die er vornahm, konnten sehr schnell erfolgen, weil er die Hilfsmittel nutzte und sie mit Liebe und seinem Wissen darum unterstützte, sodass die Heilung oft bereits eingetreten war, noch bevor er zur Tat geschritten war. Er hat vertraut und geliebt. Er konnte sich selbst und ebenso auch alle anderen Wesen lieben, und er besaß einen unerschütterlichen Glauben an die göttlichen Botschaften, die ihm zuteil wurden.

Nun habe ich euch einiges über die äußerliche Anwendung des heiligen Wassers erzählt, doch jetzt möchte ich noch einiges zur innerlichen Anwendung sagen, die ganz besonders dann regelmäßig erfolgen sollte, wenn man seinen Aufstieg etwas beschleunigen möchte.

Ohne Bewusstheit Wasser zu trinken, kann schon einiges im Körpersystem bewirken. Doch tut ihr dies mit Bewusstheit, so ist die Wirkung um Vieles stärker. Und um sie noch stärker zu gestalten, erinnere ich euch noch einmal daran, dass Wasser Botschaften weiter trägt.

Ihr könnt jetzt natürlich einwenden, dass dies doch alles im irdischen Bereich tut, denn durch eure Gedanken gestaltet ihr ja letztendlich die Welt. So erkennt ihr jetzt vielleicht auch gerade in diesem Moment wieder, dass die Welt, in der ihr lebt, von euch gestaltet wurde. Doch der einzelne Mensch mag kaum daran glauben, denkt er doch sehr häufig, dass sein Denken an der Entwicklung der Weltgeschichte wohl kaum beteiligt sein kann. Er glaubt viel lieber, dass es die anderen sind, die für die Weltgeschichte verantwortlich seien.

Dass Gedanken sich mit gleich strukturierten Gedanken zusammentun und so eine globale Entwicklung ermöglichen, wissen die meisten Menschen. Doch dass auch Wasser dabei von Bedeutung ist, wussten bisher nur wenige Menschen. Nun haben alle von euch dies gelesen, und ihr dürft euch einmal diesbezüglich selbst überprüfen und vielleicht erkennen, dass, wenn ihr Wasser bewusst als Gedankentransportmittel einsetzt, schon in eurer näheren Umgebung eine gewisse Erleichterung der Schwingungen zu spüren ist. Versucht doch bitte einmal, dies bewusst zu erspüren, vielleicht erfahrt ihr dadurch eine Bestätigung meiner Aussagen.

Um solche Vorgänge noch effektiver zu machen, könnt ihr selbst auch wieder etwas mehr tun. Seid ihr bereit, euch selbst und der Welt als Ganzem zu dienen?

Es funktioniert immer so, dass der Mensch zuerst sich selbst dient und dann den anderen. Um euch etwas ganz besonders Gutes zu tun, gebe ich euch jetzt ein „Wasserrezept“ durch, das eine wundervolle Zellreinigung bewirkt, der Neuprogrammierungen jedweder Art folgen können.

Bereitet ca. 1 Liter frisches Wasser mit einer Prise Kardamom zu und legt einige frische rosafarbene Rosenblätter (eventuell auch getrocknete) hinein. Dies sollte dann 33 Minuten köcheln. Danach trinkt täglich ein Glas des aufbereiteten Wassers in kleinen Schlückchen über einen Zeitraum von 3 Tagen. Und während ihr das Wasser trinkt, macht euch bitte bewusst, dass in diesem Moment eure Zellen in einen neutralen Zustand geraten. Durch bewusste Neuprogrammierungen können eure Zellen nun so arbeiten, wie ihr es euch jetzt wünscht.

Neuprogrammierungen erfolgen durch alte Denkgewohnheiten in jedem Falle wieder, doch auf diese Weise könnt ihr bewusst programmieren und diese auch zeitlich festlegen. Doch beachtet bitte, dass ihr die Programmierungen ohne Verneinung vornehmt.

Wasser, welches auf diese Weise bereitet und getrunken wird, hilft fast augenblicklich dabei, alle feinstofflichen Kanäle von Schlacken jedweder Art zu befreien und ebenso eure physischen Kanäle. Wenn ihr nun für einige Monate wöchentlich so vorgeht, werdet ihr erkennen, dass sich etwas bei euch verändert hat. Ihr dürft diese Methode auch anwenden, wenn ihr zum Beispiel Körpergewicht oder Krankheiten loslassen möchtet.

Wasser dient eben zur Reinigung auf jeder Ebene des physischen und feinstofflichen Körpersystems, und mit diesem Wissen dürft ihr nun ausprobieren, was euch gefällt.

Ich erfreue mich an euch mutigen Menschenkindern und unterstütze euch hierbei wieder, wenn ihr mögt.

So seid mir auch jetzt wieder gesegnet, liebe Schwestern und Brüder.
Serapis Bey

Einiges, von euch wiederentdecktes Wissen über Kardamom

Dieses wundervolle Heilmittel ist ein Würzöl und ein beliebtes Wildgewürz und Verwandter des Ingwers, und es wird seit Jahrhunderten als Anregungsmittel und Aphrodisiakum genutzt.

Es wärmt sanft den Magen, lindert Sodbrennen und Übelkeit und löst Gasansammlungen. Es ist ein gutes Herzstärkungsmittel, bringt den Kreislauf in Schwung, macht den Geist frei, regt das Gehirn an, und es ist nützlich bei Verwirrungs- und Erschöpfungszuständen, weil es harmonisierend wirkt.

Kardamom wirkt schleimlösend (zum Inhalieren allerdings ungeeignet), und man kann es auch zur Behandlung von Harnstau verwenden. Die Samen selber können zur Verbesserung des Atems und Befreiung der Luftwege gekaut werden.

Unterstützt bei folgenden Erkrankungen:

Emotionen: Erschöpfung, Müdigkeit, Rekonvaleszenz, Konzentrationsmangel, allgemeine Überlastung und Magersucht

Atmung: Bronchitis, Schnupfen, Grippenachbehandlung

Verdauung: Blähungen, Sodbrennen, Übelkeit, Koliken, Reiseübelkeit
Muskulatur: Krämpfe vor und nach dem Sport
Kreislauf: Herz- Kreislauf anregend

Und die feinstoffliche Komponente reicht bis in die tiefste Zellebene, aus der alle Programmierungen gelöscht werden können.

Ja, es ist ein wirkliches Wundermittel, was viel zu wenig von den Menschen beachtet wird.

Vielleicht entdeckt ihr ja noch weiteres, altes Kräuterwissen zu diesem Gewürzöl.

Viel Spaß beim Ausprobieren!

Serapis Bey

Trauer in der menschlichen Psyche

Seid gesegnet und wieder sehr herzlich umarmt, ihr Lieben. Ich biete euch jetzt außer meiner tiefen Liebe zu euch zusätzlich Geborgenheit und Trost an. Macht euch bitte bewusst, dass ihr immer sehr behütet seid. Viele geistige Lichtwesen halten sich an eurer Seite auf, doch es ist an euch, ihre Liebe zuzulassen und ihre Schwingungen zu empfangen. Jeder von euch ist es uns mehr als wert, ihn mit Liebe zu überschütten.

Seid ihr bereit zu empfangen?

Das Thema dieses Kapitels, über das ich hier spreche, könnte euch mit viel Herzschmerz konfrontieren. Und indem ich dies erwähne, reagiert euer Körpersystem auch schon. Spürt ihr die Reaktion, die meine Worte hervorgerufen haben? Reagiert euer Körper vielleicht mit Ablehnung oder mit einem Teil des erwähnten Schmerzes? Wie auch immer ihr jetzt fühlt, lasst bitte alle Gefühle zu und geschehen, was in diesem Moment in euch nach Ausdruck verlangt.

Ihr habt durch das Lesen des Buches eine sehr intensive Verbindung zu mir bekommen. Das bedeutet, dass ihr allein schon dadurch in heilbringende Schwingungen angehoben werdet, die euch noch mehr und mehr Bewusstheit bringen. Die Schwingungen haben bewirkt, dass in eurem Bewusstsein eine Türe geöffnet worden ist, hinter der ein Mechanismus versteckt war, der, sobald er aktiviert wird, euch spirituell reifer werden und die Zusammenhänge der sogenannten Zufälle klarer erkennen lässt.

Was du erwartest, das begegnet dir – immer!

Ihr habt diese Aussage schon des Öfteren auf die eine oder andere Weise gehört. Sie beschreibt das karmische Gesetz. Doch sie dient euch kaum dazu, die Trauer in eurer Psyche zu beenden, wenn ihr erst einmal in der Trauerphase feststeckt.

Es werden täglich mehr Menschen, die durch die immer höher werdenden Schwingungen von ihrer oft über lange Zeit verdrängten Trauer eingeholt werden. Sie zeigt sich bei einigen Menschen so stark, dass sie glauben, den Boden unter den Füßen zu verlieren. Bei anderen Menschen zeigt sie sich wiederum so, dass sie täglich frustrierter werden, und wieder bei anderen so, dass sie sich vom täglichen Leben und all den Aufgaben, die sie zu erledigen hätten, zurückziehen. Sie verlieren das Interesse an ihrem täglichen Leben. Sie fragen sich immer mehr nach dem Sinn ihres eigenen Lebens. Und allzu oft bekommen sie große Sehnsucht danach, ihre irdische Existenz zu beenden.

Es ist bemerkenswert, dass gerade Menschen, die beginnen, spirituell zu erwachen, oder auch Menschen, die schon ein großes Stück auf diesem Weg zurückgelegt haben, den Sinn ihres irdischen Daseins kaum noch spüren können. Sie sind eher verzweifelt, da sie die Entwicklung im Außen betrachten und sehen, dass sich in der Welt kaum etwas verändert hat. Sie suchen im Außen, weil sie sich durch Gewohnheit ihrem Inneren entziehen.

Doch in einer bestimmten Phase der geistigen Entwicklung kommt wohl jeder Mensch mit den oben erwähnten Gedanken in Berührung. Sie können dann wieder verdrängt oder endlich einmal zugelassen werden. In der Regel jedoch rufen diese Sinn-Fragen tiefe Trauergefühle hervor. Und glaubt mir, meine Lieben, ihr alle habt bisher noch Trauer in euch, die eifrig verdrängt wird. Denn Trauer hat ebenso wie jedes andere Gefühl viele Schichten, denen man erst nach und nach auf die Spur kommt. Ich zeige euch hier gerne ein Vergleichsbild auf – die Zwiebel!

Der Verdrängungsmechanismus wartet bei Inkarnationsbeginn darauf, aktiviert zu werden. In den ersten drei, vier Lebensjahren der meisten Menschen begegnen ihnen Situationen, die so schmerzhaft für sie sind, dass die Seele den Verdrängungsmechanismus aktiviert, weil der Mensch, um weiterleben zu können, den Schmerz verdrängen muss. Die Zeit, um den Schmerz verarbeiten zu können, muss in einem solchen Fall abgewartet werden. Und den richtigen Zeitpunkt dafür kennt die Seele, und sie ist es auch, die dann alles in die Wege leitet, damit es zum Bearbeitungsprozess kommen kann.

Der Verdrängungsmechanismus ist bis zum spirituellen Erwachen, doch auch noch eine Zeit danach, der am meisten genutzte Mechanismus im menschlichen Körpersystem. Der Mensch vergisst durch ihn, was ihn mit sich selbst konfrontieren würde. Doch in dem Moment, in dem der Mensch spirituell erwacht und weitergeht, beginnt sich dieser Mechanismus ganz langsam aufzulösen.

Die Folge davon ist, dass sich Erinnerungen bemerkbar machen. Doch da diese Erinnerungen schmerzhaft sind, werden sie dem Menschen in der Regel nur in kleineren Portionen serviert.

Es ist der Herzschmerz, der den Menschen Angst macht und den sie zu umgehen suchen. Denn dies ist der heftigste innerliche Schmerz, dem der Schmerz der Enttäuschung folgt. Aus diesem bildet sich dann Wut und Verzweiflung. Jede Gefühlsregung ruft neue Gefühle hervor. Und all das dürft und könnt ihr erfahren. Und weil ihr meist verdrängt habt, was euch an schmerzhaften Situationen in eurer Kindheit widerfahren ist, bildet sich in eurem Unterbewussten ein ganzes Konsortium an Gefühlen, die euch für eine lange Zeit in eurem Leben unerklärlich und darum auch oft unheimlich sind. Ich denke dabei an die Alpträume, von denen so viele Menschen in jedem Alter heimgesucht werden. Und auch unerlöste Situationen im Körpersystem rufen Trauer in der Psyche hervor.

Ihr glaubt in großer Zahl, dass der Mensch als unbeschriebenes Blatt in die Inkarnation geht. Es wurde euch immer wieder bestätigt. Doch wie sieht dies bei näherer Betrachtung aus? Wo bringt ihr all die ererbten Strukturen unter, die euch in der langen Ahnenreihe immer wieder weitergegeben wurden? Ihr bringt Gene mit, die ihr in eurem Lebensplan zunächst als Grundlage für die persönliche Entwicklung betrachten dürft. Von daher steht schon einiges auf dem Blatt, dem ihr dann die weitere Lebensgeschichte eurer Person hinzufügt.

Doch gehen wir einmal in eure Kindheit zurück. Die alten, mitgebrachten Strukturen, die ihr in dieser Phase gelebt und die, die ihr auch in dieser Zeit neu hinzuentwickelt habt, sind in einem geistigen Raum in eurem Inneren gespeichert. Doch ein Teil dieses Raumes wurde von euch zugesperrt und hinterlässt dort sozusagen hinter Gittern die jeweiligen schmerzlichen Phasen der frühkindlichen Erfahrungen.

Seht nun diese Erinnerungen, die aus eurer Kindheit stammen, vielleicht auch einmal in Bezug auf die Kinder, die ihr damals wart. Denn mit den Erinnerungen der schmerzhaften Erfahrungen habt ihr auch gleichzeitig einen Teil eures kleinkindlichen Daseins verdrängt. Also einen Teil eurer Person. Gebt ihr den Kindern nun die Möglichkeit, in eurem Inneren als eigenständige Wesenheiten zu existieren, indem ihr sie bewusst freilasst und in kleinen Meditationen besucht, dann begegnet ihr euch selbst als die kleinen Kinder, die ihr damals wart. Und beobachtet ihr euch nun auch einmal selbst als die kleinen Kinder, so erfahrt ihr, wie sehr sie gelitten haben.

Die Arbeit mit dem Inneren Kind ist vielen Menschen bekannt, doch die wenigsten von ihnen haben dieser Arbeit die Bedeutung beigemessen, die ihr zukommt.

Die Inneren Kinder zwischen 0 und 6 Jahren sind der Schlüssel für euer kindliches Verhalten, das sich durch euer ganzes Leben zieht, bis in das Erwachsenenalter hinein. Doch kaum einer von euch erkennt seine kindlichen Strukturen. Sie erklären sich ihm erst nach und nach, wenn die Inneren Kinder aus ihrem Gefängnis befreit wurden. Das bedeutet, dass sie, unbeachtet wie sie so oft waren, eure Psyche in ganz besonderer Weise beeinflussen. Wer immer wieder verdrängt oder zurückgewiesen wird, der fühlt sich traurig, ob nun bewusst oder unbewusst. Und so macht sich der verdrängte Teil eben über das Gefühl der Trauer bemerkbar, deren Grund euch nur selten klar ist.

Was geht euch dies nun an? Oder wie könnt ihr dem entgegenwirken? Auch oder gerade die inneren, kleinen Kinder bedürfen einiger Zuwendung, die ihnen in ihrem kindlichen Dasein von ihren Eltern in der Regel verweigert wurde und die diese Zuwendung nun von euch, die ihr als Erwachsene geltet, einfordern.

Ihr kennt doch sicher einige oder alle der folgenden Worte: „Warum bin ich heute nur so traurig, warum so deprimiert? Ich habe doch alles, um glücklich sein zu können. Ich bin doch undankbar, wenn ich so fühle, trotz der vielen guten Dinge in meinem Leben."

Solche oder ähnliche Aussagen weisen auf das hin, was ich euch schon gesagt habe. Doch da den meisten Menschen ein Erkennen der wahren Gründe für ihr Verhalten fehlt, ergeben sie sich gerne und laden sich in einer solchen Situation auch noch Schuldgefühle auf.

Wer von euch ist sich dessen bewusst, dass er damit den Inneren Kindern noch weiteren Schmerz zufügt, weil sie es sind, die sich dadurch schuldig fühlen? Könnt ihr das erkennen? Die Inneren Kinder leiden am heftigsten. Denn sie sehen in jedem Verhalten des Erwachsenen das, was ihnen als Kind widerfahren ist. Und alles, was ihnen Schmerz bereitet, müssen sie zuerst verarbeiten. Den Inneren Kindern fehlt die Struktur des „Verdrängens". Sie sind sich stets bewusst.

Immer davon ausgehend, dass ihr klarer und bewusster werden möchtet und so der Zeitpunkt gekommen ist, dass mit all den belastenden Strukturen aufgeräumt werden sollte, bitte ich euch, meine Worte zu erwägen. Ihr selbst entscheidet, ob ihr nun handeln oder ob ihr lieber alles beim Alten belassen möchtet.

Ich bitte euch, wenn ihr an euch arbeiten möchtet, die Arbeit mit den kindlichen Strukturen vorzuziehen, das heißt, bevor ihr euch anderen euch belastenden Strukturen zuwendet, um sie aufzulösen.

Ich danke euch.

Die Psyche wird im menschlichen Sprachgebrauch mit der Seele gleichgesetzt. Doch sie ist ein Bereich in eurem Bewusstsein, der ein Verbindungsglied zu eurer Seele darstellt. Die Psyche hat die Aufgabe, der Seele zu dienen. Sie reagiert auf alle Botschaften, die sie von ihr erhält.

Sie ist mit großer spiritueller Kraft aufgeladen, die bei Bedarf jederzeit von der Seele weiter aufgeladen wird. Die Psyche leitet euer Gefühlszentrum. Und mit ihrer Kraft beeinflusst sie eure Gefühle in der Weise, dass es dazu kommt, dass ihr Gefühl so erfahren könnt, wie ihr es möchtet. Der Lebensplan, der von euch in der Seinsebene gemeinsam mit der Seele erstellt worden ist, bildet ein Schema, an dem sich die Psyche orientieren kann. Und dementsprechend werden Gefühle in euch wachgerufen, die zu ihm gehören. An einem bestimmten Entwicklungspunkt gibt sie die Gefühle jedoch frei, sodass sich diese aus ihrer eigenen Kraft heraus verselbstständigen und noch weiter entwickeln können. Und um diesen Kreislauf zu beenden, kommt die Trauer, die in ihrer Ursache unerkannt ist, ins Spiel.

Dass Trauer sein muss, einfach weil auch diese Erfahrung gemacht werden will, ist durchaus klar. Doch dass sie sich dann in euch fest verankert, weil ihr euch ihr entziehen möchtet und so der Ursachenklärung aus dem Wege geht, sollte unter allen Umständen vermieden werden. Lediglich die Menschen, die auch diesbezügliche Krankheiten leben wollen, dürfen dies tun, ohne dass dabei größere Auswirkungen auf den Planeten Erde zu beobachten sein werden.

Wie kann es eigentlich sein, dass Trauer, die doch in euch ein großes Energiepotenzial belegt, so lange von euch unerkannt wirken kann? Ihr tut alles erdenklich Gute für den Energiehaushalt, so denken viele Menschen. Doch geschieht es trotzdem immer wieder, dass ihr mit einem eingeschränkten Energiepotenzial euer Leben gestaltet.

Durch die niedrigen Schwingungen, in denen ihr zu leben habt, könnte sich euch dies erklären. Nur ist dies weniger relevant, als ihr vielleicht glaubt. Zum einen belegen nämlich die noch unerlösten Inneren Kinder und all die anderen Gegebenheiten, die Energie absaugen können, euer vorhandenes Energiepotenzial, und zum anderen sind es eure Nahrungsmittel und die Speisenzusammensetzung, die euch, statt zu stärken, weitere Kräfte rauben.

Hierin ist eine Strategie zu erkennen, die hintergründig wirkt. Diese habt ihr selbst, jedoch meist unbewusst, mit entwickelt, und zwar um auch den Verdrängungsmechanismus weiter zu stärken, der ja den Zustand des Schlafens unterstützt. Die Strategie wird immer mehr ausgedehnt und verfeinert. Heute kann kaum ein Mensch erkennen, was sich in der Industrie eurer Nahrungsmittelkette überhaupt abspielt.

Doch vermeidet jetzt bitte, den strafenden und verurteilenden Finger zu erheben, und lasst uns stattdessen nach einem Ausweg Ausschau halten.

Um den Verdrängungsmechanismus zusätzlich zu unterstützen, ihn möglichst lange aktiv halten zu können, habt ihr eine wahre Chemiefundgrube an Nahrungsmitteln entwickelt. Es ist wirklich imposant, zu sehen, was ihr alles entwickelt habt, um damit angeblich dem Hunger zu entgehen.

Dass Nahrungsmittel chemisch verändert werden, ist euch sicherlich allen bekannt. Doch wusstet ihr auch um die Hintergründe, die äußerlich kaum zu erkennen sind? Bisher gab es nur wenige Menschen auf der Erde, die den Hintergrund dieser Entwicklung klarer erkennen konnten. Haben sie ihre Stimmen erhoben, wurden sie schnellstmöglich auf unterschiedlichste Weise mundtot gemacht.

Alles, was ihr euch an Nahrungsmitteln zuführt, jedoch auch alles, was ihr an Informationen aufnehmt ob dies nun bewusst oder unbewusst geschieht, hat eine tiefere Bedeutung, als ihr vielleicht bisher angenommen habt. Wie ich euch über die des Wassers informiert habe, so wollen wir jetzt auch einige Nahrungsmittel, beziehungsweise deren chemische Veränderungen, ein wenig unter die Lupe nehmen, damit ihr vielleicht auch erkennen könnt, was ihr euch und eurer geistigen Entwicklung mit dem Genuss dieser Lebensmittel antut.

Ihr habt es nämlich tatsächlich geschafft, Lebensmittel zu produzieren, die euch helfen, traurig und depressiv sein zu können. Dazu gehört im Übrigen auch die Schokolade, die zuerst glücklich macht, doch dann ins Gegenteil umschlägt. Denn bedenkt bitte, dass Schokolade meist auch mit Tierblut hergestellt wird. Und die Traurigkeit und das Entsetzen der getöteten Tiere wird als Schwingung und Information der Schokolade zugesetzt. Was das mit euren eigenen Schwingungen macht, könnt ihr euch nun selbst ausmalen.

Ebenso habt ihr Lebensmittel entwickelt, die euch weiter schlafen lassen, also den Erwachensprozess zu verhindern suchen. Hier lenkt euer Augenmerk doch bitte auf die Lebensmittel, die süchtig machen. Bedenkt dabei bitte immer den Hintergrund der chemischen Einwirkungen, was ich euch überlasse, selbst herauszufinden, sofern euch das interessiert. Und zu all dem kommt nun noch die Palette der Medikamente hinzu. Wo fangen wir da an, um zu erkennen?

Ich sage euch, dies ist inzwischen so mühselig geworden, dass ich euch nur raten kann, so viel Information wie nur möglich zu diesem Thema zu sammeln und eure eigene Innere Führung um Antworten zu bitten. Denn von der Industrie werden euch in jedem Falle die Antworten verweigert werden. Oft ist es doch auch so, dass selbst den Entwicklern das Wissen um die Auswirkungen auf den feinstofflichen Körper fehlt. Und so seid ihr zur Selbsthilfe aufgerufen. Dazu gebe ich euch ein zusätzliches Rezept, wie ihr die schädlichen Botschaften aus der blockierenden Nahrung neutralisieren könnt.

Als wir über das Wasser sprachen, habe ich euch schon gesagt, wie ihr dieses wieder rein bekommen könnt. Es geht hier um die Informationen, die in den Zellen gespeichert werden sollen. Und für einen gesunden Körper, ganzheitlich gesehen, ist eben Vieles zu beachten.

Ihr habt bisher nur wenig Möglichkeiten, wirklich gesunde Nahrung einkaufen zu können. Doch wenn ihr dies mit liebevoller Bewusstheit tut, so empfängt die Nahrung bereits Schwingungen, die ihr helfen, wieder gesund und rein zu werden. Macht euch bewusst, wenn ihr einkauft oder später, wenn ihr die Nahrung zubereitet, dass euer liebevolles Gefühl, das ihr der Nahrung entgegenbringt, zu ihrer Reinigung beiträgt.

Mein Rezept heißt: ***Liebe***, ***Liebe***, ***Liebe***.

Esst das, was ihr eurem Körper zuführen möchtet, bewusst und verbunden mit der Botschaft der Liebe. Und lasst die eventuell vorhandene Angst los, dass die Nahrung euch krank machen wird. Denn dies tut sie nur in euren Gedanken, die sich dann entwickeln, wenn ihr nur zu gern die Botschaft der Industrie aufnehmen möchtet. Und nur dann schadet sie euch auch wirklich. Wie breit nun das Spektrum des Schadens, der eurem physischen und feinstofflichen Körper zugefügt werden kann, wirklich ist, könnt ihr kaum absehen.

Doch bitte ich euch trotz Rezept, euch nach Nahrung umzusehen, die ihr für gesund haltet. Lasst euch dazu von eurer Intuition leiten, und mit der Zeit werdet ihr ein gutes Gefühl entwickeln, welche Nahrungsmittel gerade für euch persönlich geschaffen worden zu sein scheinen. Und am Schluss möchte ich euch einen guten Appetit wünschen. Bleibt angstfrei und gestattet der Liebe, euch dabei zu helfen.

Es ist sicherlich nur wenig, was ich euch zum Thema dieses Kapitels gesagt habe, doch ihr werdet weitere Informationen erhalten, die immer wieder eurem geistig, spirituellen Wachstum angepasst sind. Ich danke euch von Herzen für eure Aufmerksamkeit.

In tiefer Liebe
Serapis Bey

Vergessene Kontakte zur Heimat des Menschen

Meine so sehr geliebten Menschenkinder, lasst euch doch bitte wieder herzlich von mir umarmen. Jede meiner Umarmungen ist eine Botschaft der Liebe aus eurer Lichtheimat. Und in diesem speziellen Falle, in dem ich euch so nahe bin, sehe ich mich außer als Lichtträger auch als Botschafter der Wesen aus unserer gemeinsamen Lichtheimat.

Fast alle Menschen haben vergessen, wie es sich anfühlt, in der Lichtheimat zu *sein*. Die wundervolle Ausdehnung des fließenden, feinstofflichen Körpers, der nur noch Bewusstheit trägt, zu spüren, ist ein so wundervolles Gefühl, dass ihr es für die Zeit eurer menschlichen Inkarnation und der spirituellen Entwicklung ins Vergessen verdrängt habt. Wäre euch dies mit dem eingeschränkten menschlichen Bewusstsein bewusst, so würdet ihr wohl kaum länger die Erde bevölkern wollen. So war es ein ***Muss***, diese Erinnerung zu verdrängen. Doch ganz tief in eurem Inneren ist sie noch vorhanden. Und da ich im vorigen Kapitel über die Trauer in der menschlichen Psyche geschrieben habe, so könnt ihr dem nun auch die Trauer um die vergessenen Kontakte zu eurer Heimat hinzufügen, deren bewusstes Erkennen euch von euch selbst verwehrt worden ist.

Menschsein bedeutet, sich in sehr niedrigen Schwingungsebenen aufhalten zu müssen. Die Schwingungen, denen ihr euch in eurer Heimat wieder anpasst, sind um so Vieles höher, dass sie euch in große Schwierigkeiten auf der Erde bringen würden, ließet ihr es zu, dass sie sich mit den menschenüblichen Schwingungen, die ihr hier habt, verbinden.
Und doch, sie sind verbunden.

In sorgsam durchdachter Weise habt ihr mit euren Seelenfamilien daran gearbeitet, dass ihr ein Erinnerungspaket in den Tiefen eures Unbewussten installiert habt, dem ihr nur wieder begegnen könnt, wenn ihr euch bewusst auf die Suche macht.

Diese Suche kann mit Erfolg gekrönt werden, wenn diverse Kriterien von euch erfüllt worden sind. Bitte bedenkt auch hierbei, dass diese Kriterien einst von euch selbst festgelegt worden sind. Und diese waren damals so festgelegt worden, wie es für die lange Zeit bis zum Jahr 2000 vonnöten war, um direkt aufsteigen zu können. Es ist immer die menschliche geistige Entwicklung zu beachten, die erst in diesem Jahrtausend wieder ihren Höhepunkt erreichen wird. So betrachtet euch jetzt bitte einmal selbst und stellt anhand der von euch aufgestellten Regeln fest, wie weit ihr bereits gekommen seid.

Und hier sind die Regeln.

Zum einen ist es wichtig, sich selbst als den Menschen anzunehmen, der man in der menschlichen Rolle ist, mit der Option, sich dahingehend verändern zu können, dass man als menschliches Wesen die Verbindung mit dem höheren, reinen Wesen, das man in seiner Ursprünglichkeit ist, wiederherstellen kann.

Ebenso wichtig ist es, dass man gelernt hat, zu erkennen, welche Bedeutung den menschlichen Rollen zukommt, und so von Ver- und Beurteilung Abstand nehmen kann.

Es ist wichtig, erkennen zu können, in welcher Form die Ganzheit auch auf der Erde Fuß fasst.

Ihr wolltet in dem Spiel, dessen Regeln ihr euch durch die Inkarnation unterworfen habt, die Liebe, die ihr aus eurem Zuhause kennt, wieder erlangen und wirken lassen.

Doch ebenso wichtig war euch, dass die „Spielregeln" für die Erfahrungen, die ihr machen wolltet, möglichst lange erhalten bleiben konnten.

Dies klingt ein wenig nach Widerspruch. Doch diesen habt ihr dem anderen zugefügt, um die Option zu haben, den Zyklus so lange hinhalten zu können, wie es euch angemessen zu sein schiene, wenn euch das Spiel auf der Erde Spaß machen sollte.

Ja, meine Lieben, da habt ihr jedoch vergessen, zu beachten, dass ihr alle unterschiedlich denken und fühlen würdet, denn die Entwicklung, die sich ja verselbstständigen sollte, war wohl kaum abzusehen.

Und um diesen Regeln Folge leisten zu können, habt ihr mich eingesetzt, darauf zu achten, dass sie auch eingehalten werden. Ich habe meine diesbezügliche Rolle nur zu gerne gespielt und tue dies auch weiterhin.

Da jedoch die Erde selbst auch ein Stimmrecht hat, entwickelte sich ohnehin alles ein wenig anders als gedacht. Durch ihre Stimme und die Stimme derjenigen, die wirklich genug von ihren Rollen hatten, wurden wir geistigen Lichtwesen dazu aufgerufen, verstärkt zu helfen.

Die neue Zeit mit ihren sehr hohen Schwingungen macht es möglich, dieses wundervolle Spiel umzuwandeln und euch ein Leben auf der Erde mit sehr hoher Bewusstheit zu ermöglichen, und dabei können die von euch erstellten Regeln gelockert werden.

Erkennt ihr nun vielleicht auch, dass ihr die Angst vor mir eigentlich vor euch selbst habt? Doch seid frohgemut, denn die Angst hat sich ja aufgelöst, oder? Und könnt ihr mich nun lieben, weil ihr vielleicht erkannt habt, dass doch alles weniger schlimm ist, als es euch bisher erschien?

Für die Zukunft jedes Einzelnen von euch kann auf der Erde der Himmel entstehen, dafür stehe ich mit meinem Namen.

Bitte nehmt meine unendliche Liebe zu euch an.
Serapis Bey

Lockruf aus der Geistigen Welt

„Jeder ist von Herzen willkommen!“

Und mit diesen Worten, meine Lieben, verabschiede ich mich von euch bis zu unserer nächsten Begegnung.

Seid herzlich umarmt –
euer euch innig liebender Diener, Freund, Berater und Bruder
Serapis Bey

Nachklang

Vielleicht scheint es euch ja, dass es mir schwerfällt, mich jetzt schon von euch trennen zu sollen. In der Tat, ein wenig Wehmut fühle ich schon, denn der intensive Kontakt, den wir beim Lesen hatten, wird nun höchstwahrscheinlich etwas verblassen. Es sei denn, ihr würdet euch in einer täglichen Meditation mit mir verbinden. Der Eine oder Andere wird es sicher tun, zumindest für eine geraume Zeit. Darauf freue ich mich ganz besonders. Den anderen sage ich: „Bis bald, spätestens bis zum nächsten Buch im kommenden Jahr."

Doch ich möchte euch noch ein wenig Aufklärung über etwas geben, das einige von euch verunsichert hat. Und das betrifft ***Atlantis***.

Atlantis war ein physischer Erdteil! Es gab ihn wirklich in eurer physischen Welt! Und all die „Wunder", die diesem Ort nachgesagt wurden, hat es dort gegeben!

Doch der Teil der Erde, der besonders hoch schwang, konnte dies nur mit Hilfe der Menschen, nämlich den Atlantern, erreichen. Hohe Schwingungen machen Vieles möglich, was in niedrigeren Schwingungsebenen ausgeschlossen ist.

Die Botschaften, dass Atlantis wieder auf der Erde sichtbar werden wird, sind korrekt! Einiges ist bereits wieder sichtbar geworden, doch die Wissenschaftler streiten sich noch, ob dies wirklich Teile von Atlantis sein können. Sie sind es, weit verstreut zwar, doch sie sind es. Und es werden weitere Teile an die Meeresoberfläche kommen. Denn das Meer ist bereits heftig in Bewegung, und hilft dabei, auch weiteren Teilen des ehemaligen Atlantis an die Meeresoberfläche zu kommen.

Warum habe ich im Buch etwas anderes gesagt?

Erinnert ihr euch, dass ich zu Beginn gesagt habe, dass ich mit euch plaudern möchte und teilweise wahre und teilweise erdachte Geschichten erzählen würde?

Eure Reaktionen auf meine Mitteilung, dass Atlantis im feinstofflichen Bereich angesiedelt sei, ist eine dieser „Geschichten". Doch habe ich sie so versteckt, dass es wohl kaum jemandem aufgefallen ist, denn ihr hattet schon wieder vergessen, was ich euch gesagt hatte.

Bitte vergebt mir, dass ich euch bei einer für euch so wichtigen Sache an der Nase herumgeführt habe. Ich habe allerdings damit erreicht, dass ihr euren Glauben weiter gefestigt und lieber mir Unwissenheit vorgeworfen habt, als meine Geschichte zu glauben.

Bravo, ihr wundervollen Menschen – ihr seid wirklich zu Mitschöpfern, die selbst Verantwortung übernehmen können – und es ja in diesem Fall auch getan haben –, geworden.

Ihr seid standhaft in eurem Glauben geblieben. Das ist für mich eine wunderschöne Erfahrung gewesen, und eure Reaktion auf meinen Unterricht ist von mir mit der Note ***„sehr gut“*** beantwortet worden.

Habt Dank, meine lieben Brüder und Schwestern – alles wird gut.

Ich liebe euch sehr.

Euer Serapis Bey

Über mich

Die ersten 50 Jahre meines Leben habe ich – ich glaube, das kann man wirklich sagen – spirituell verschlafen. Ich habe ein ganz normales Leben als berufstätige Ehefrau und Mutter gelebt. Mein spirituelles Erwachen begann in Portugal, wo ich heute die meiste Zeit des Jahres verbringe. Beim Yoga lernte ich eine Reiki-Lehrerin kennen, die mich dermaßen faszinierte, dass ich mich einweihen ließ, ohne zu wissen, was da auf mich zukam.

Von da an ging alles sehr schnell. Innerhalb weniger Jahre wurde ich Reiki-Lehrerin, machte eine Ausbildung zur Reinkarnations- und Clearing-Therapeutin, wurde von Vywamus als neuer Kanal erwählt und ausgebildet.

Meine Arbeit als Medium ist sehr vielfältig und beinhaltet unter anderem: Channeling, Energiearbeit und Soulwork (Tiefenentspannung, Basisarbeit, Reinkarnation und Clearing.) Meine Arbeit ist für mich immer wieder ein wunderschönes Erlebnis, und ich bin dankbar dafür, dass ich sie machen darf.

Ich freue mich darauf, Sie kennenlernen und Ihnen auf Ihrem Weg vielleicht ein wenig weiterhelfen zu dürfen.

Petronella Tiller
Labarito – Caixa Postal 7195
7630-373 Cabacos/Reliquias – Portugal
email: petronella.tiller@web.de

Weitere Titel von Petronella Tiller mit Vywamus

Ermutigungen von Vywamus
ISBN 978-3-89568-172-1

Die Kunst des Channelns 2
ISBN 978-3-89568-175-2

Die göttliche Seele – Channeln 3
ISBN 978-3-89568-206-3

Fenster in die Zukunft
ISBN 978-3-89568-192-9

Die intergalaktische Friedensmission 2012
erscheint Herbst 2010

Meditieren mit Vywamus – CD
ISBN 978-3-89568-198-1

ch. falk-verlag